Christer Ågran (f 1944) Boden, på toppen av Jeknaffo (1836 m). Mars 1974.
Christer Ågran (b. in 1944) of Boden, on the top of Jeknaffo (1,836 m).

Om det finns ett uns av sanning bakom det gamla ordstävet, att den man älskar den agar man, så gäller det i hög grad Lappland. Det skenbart opåverkade landskapet rymmer även en hårt exploaterad sida. Naturskogarna i norr är inte längre bara hotade, utan värdefulla områden har i ansenlig utsträckning skövlats av det rationella och storskaliga skogsbruket. Ödeläggelsen är i huvudsak praktiserad av statliga bolag, skogsallmänningar och privatpersoner, där skogsvårdsstyrelsen som tillståndsmyndighet får bära en del av ansvaret för denna förödelse. En myndighet som gång efter annan visat prov på dåligt omdöme genom att tillåta kalavverkning av oersättliga naturområden, där även känsliga kulturlämningar kommit till skada. Så låt oss hoppas att detta sorgliga kapitel i Lapplands historia snart är ett minne blott.

När det gäller skyddet av vår natur har vi svenskar inte mycket att slå oss för bröstet. Nationalparkerna i Lappland har vid upprepade tillfällen blivit föremål för exploatering. Muddus, vårt största skyddade barrurskogsområde, har genom en gigantisk dammanläggning i Messaure blivit svårt sargat. På liknande sätt har Pieljekaise nationalpark fördärvats genom ett flertal regleringar av Sädvajaure med stora skadeverkningar som följd. Även Sarek - vårt internationellt mest ryktbara fjällområde – har genom dämningen av Tjaktjajaur drabbats av vattenregleringarnas avigsidor. Stora Sjöfallet - en gång sinnebilden av det genuina Lappland - bör inte ens nämnas i det här sammanhanget. Något bedrövligare i svensk naturvård får man förgäves söka efter. Den visuella nedsmutsningen av nationalparkerna står ännu i början av sin linda. Radiomaster har redan utplacerats och nu hotas även Sjöfallsområdet av en skog av stationerade vindkraftverk, vilket ytterligare kan komma att förfula dalgångens redan vanställda natur, en "nationalpark" som statliga Vattenfall förvandlat till en ofantlig industritipp. Väldiga dammanläggningar har lagt omistliga natur- och kulturområden under vatten. För den som vill ta del av denna gigantiska förödelse rekommenderas Kai Curry-Lindahls (1917-1990) utmärkta bok: "Slaget om Lappland" från 1983.

Det är möjligt, för att inte säga troligt, att det i ord och bild inte går att fånga Lapplands själ och innersta väsen. Detaljerade naturbeskrivningar har en förmåga att bli tröttsamma och monotona. Eller som författaren Villy Kyrklund (f 1921) uttryckte det: "Att hacka tänder av köld på en vintrig väg gör ett livligare intryck än att läsa femtio vinterdikter hemma vid brasan." En sanning som äger sin giltighet även i dag; det självupplevda kan aldrig ersättas av böcker eller andras berättelser. Inför varje resa finns en förväntan - en längtan om den stora upplevelsen...Att vandra i fjällen är att bejaka denna längtan...

Åtskilliga är de resenärer som under vistelsen i Lappland förlorat sig i landskapet - känslomässigt inte förmått sig att lämna platsen och blivit kvar. Hänförda av en frihetslängtan som inget kraft och harmoni i tillvaron - eller det många av oss vill kalla livskvalité...

För att ge läsaren en fylligare bild av landskapets egenart har jag bjudit in några vänner som var och en på ett uppslag fått presentera en bit av sitt Lappland. Det har blivit personliga essäer där några av våra främsta tolkare av landskapet gett sin bild av områdets karaktär. Vi svenskar är ett naturälskande folk som gärna tar tillfället i akt att få komma ut i markerna. Så låt oss hoppas att våra stora naturområden i Lappland även i framtiden kan stå till allmänhetens förfogande. Att vi slipper samma trista utveckling som kännetecknar en mängd internationella nationalparker, där besöksnäringen utvecklats till en ren affärsverksamhet. Att vi i Sverige kan slå vakt om den frikostiga allemansrätten - den gamla sedvanerätten att fritt vistas i skog och fjäll. Att besökaren utan pålagor, avgifter och byråkratiskt krångel får röra sig i nationalparker och naturreservat - utan att vistelsen regleras av onödiga föreskrifter och avgifter - lagar som inskränker vandrarens rätt att färdas i väglöst land.

Boken om Lappland har jag tillägnat vännen och författaren Edor Burman - en fjällkarl vars anspråkslösa läggning knappast gav vid handen, att bakom den blygsamma profilen, dolde sig en av våra främsta kännare av lappmarkens natur och kultur. Som yrkesjägare under ungdomsåren i de väglösa fjälldalarna, vägvisare och expert vid Stig Wessléns (1902-1987) filmexpeditioner i Lappland samt gränspolis under krigsåren längs fjällkedjan mot Norge, blev Edor Burman förtrogen med landskapets natur och djurliv. Åtskilligt av det som i dag presenteras som nyheter inom rovdjursforskningen var baskunskap för Edor Burman. Senare kom tiden som lapptillsyningsman att ge honom ovärderliga kunskaper i samernas och renskötselns villkor. Han blev med åren en mycket uppskattad skribent i facktidningar och få om ens någon har skrivit så initierat om Arjeplogsfjällen som Edor Burman. Det är beklagligt att en sådan begåvning blivit bortglömd i sin hembygd - att hans litterära gärning inte fått den uppmärksamhet den förtjänar. Som en av bygdens stora söner - vid sidan av Petrus Laestadius (1802-1841) - är Edor Burmans minne värt att bevaras med respekt. Ett erkännande från hembygden i form av ett kulturpris postumt vore det minsta man kunde förvänta sig från Arjeplogs kommun.

Kurt Kihlberg

En bok tillägnad minnet av vännen och författaren Edor Burman

A book dedicated to the memory my friend the author Edor Burman

Edor Burman (1913-1996) Funäsdalen, under en båttur på Storavan. Juli 1979.
Edor Burman (1913-1996) of Funäsdalen, during a boat trip on Lake Storavan. July 1979.

Lappland

The dream and yearning of the mountain rambler
Fjällvandrarens dröm och längtan

Kurt Kihlberg

Förlagshuset
Nordkalotten

Sveriges nordligaste högfjäll Pältsan 1445 m med höstfärger och nysnö på toppen. Sept 1977.

The northernmost high mountain in Sweden, Pältsan (1,445 m.), dressed in autumn colours and with newly-fallen snow on its summit. Sept. 1977.

Konstnären Sören Holmqvist (f 1947) Vika, på kanten av Märkklyftan i Laisdalen. Aug 1977.

The artist Sören Holmqvist (b. in 1947) of Vika, on the edge of the canyon Märkklyftan in Laisdalen. Aug. 1977.

Innehåll/Table of contents

Mitt Lappland/My Lapland

Häckande fjällvråk i skogslandet. Aug 1974.

Rough-legged buzzard breeding in the forest land.

Bilden nedan: Sommarnatt på Galtispuoda i Arjeplog. Aug 1971.

Photo below: Summer night on Galtispuoda in the Arjeplog area. Aug. 1971.

Lappland

Vid sekelskiftet 1700 används "Lappland" för första gången i skriftliga källor såsom benämning för norra Sveriges lappmarker. Dess gränser mot norr och väster var länge oklara men reglerades 1751 och följer nu i huvudsak vattendelaren mot Norge. Men långt innan dessa skiljelinjer blev fastställda och Lappland ett begrepp i vidare mening hade området varit befolkat sedan mer än 8000 år tillbaka i tiden.

Vilken folkgrupp som först tog dessa stora landdomäner i besittning efter den vikande inlandsisen har inte med säkerhet kunnat fastställas. Vi vill dock gärna tänka oss att dessa första människor i norra Skandinavien var samernas förfäder - ett nomadiserande samlar-, jägar- och fiskarfolk som levde vid vattendrag och sjöar.

Otaliga härdar, fångstgropar och stalotomtingar vittnar i dag om detta gåtfulla fångstfolks vandringar i älgens och vildrenens spår. Runt hela Lappland finner vi lämningar av flyttningsstigar, kalvmärkningsplatser, båtlänningar och rester av äldre samiska boplatser och uppehållsorter.

Uråldriga samiska namn berättar om sägner och myter, associerar till religiösa och hemlighetsfulla platser och beskriver landskapets karaktär och egenskaper - avspeglar den gamla nomadkulturens förhållningssätt till natur och djurliv inom området.

Offerplatser, gravar och arkeologiska fynd är andra synliga spår i terrängen som vittnar om en häpnadsväckande kultur och religion i äldre tid. I många fall kan dessa lämningar förefalla obetydliga och till synes av ringa värde men bär genom sin oansenliga karaktär vittnesbörd om ett folk som levt i samklang med naturen fram till 1900-talets andra hälft.

Innan beteckningen Lappland kom i mer allmänt bruk, var detta hyperboreiska område, under lång tid känt som det sagoskimrande Thule - ett land där solen lyste hela sommarnatten och mörker och köld härskade nattsvart under vinterdagen. Ännu under medeltiden betraktades i stort sett hela övre Norrland som en enda stor allmänning, där var och en hade rätt att fiska eller jaga, driva handel och bosätta sig. Svensken i gemen ägde en mycket vag uppfattning om dessa "nordens fjellar och trodde sig förmodligen nödgas klättra på dess branter, så snart de trädde sin fot inom vad man kallade Lappmarken".

De flesta hade hört talas om samerna såsom varande trollkarlar, vilka genom spådomskonst kunde uträtta vad de ville, "till eget gagn eller andras skada". Men ytterst få främlingar hade haft vägarna förbi dessa nordliga nejder, varför samerna "på fädrenes vis och utan fruktan för inblandning av oliktänkande kunnat hängiva sig åt sin hedniska religionsutövning med buller på spåtrummor, offer och seitars tillbedjan".

Fram till 1600-talet levde samerna ett till synes mycket primitivt och isolerat liv i lappmarken. Få präster hade ännu haft anledning att ta sig upp till dessa ödsliga och ogästvänliga trakter, varför de kringströvande nomaderna ännu kunde samlas runt sina hopställda och uppresta björnspjut och jojka "trollsånger" för att stämma norrskenet till sig - så att det lyste med det klaraste sken över himlen.

Johannes Schefferus (1621-1679) Uppsala, författare till boken "Lapponia" som utkom 1673 på latin, tecknade landet i norr med följande ord: "Lappland ligger höljt i mörker, avskiljt genom sina träsk och skogar, så att ens dess grannar rätt veta eller kunna säga, vilka eller hurudana dessa lappar äro..."

Samerna själva visste däremot bättre: "Lapparna hafwa namn på alla berg på alla siöar, på alla bäckiar, på alla muror, och weta grant hwar och en huru stort hans land sträcker sig omkring." skriver Nicolaus Lundius 1674.

Brukspredikant Samuel Edvardi Rheen (1615?-1680) - sedermera kyrkoherde i Råneå åren 1671-1680 - konstaterar att: "Fast egendom, som är Landh, Siögar, fiell eller fiskiewatn skifftes icke iblandh barnen, uthan så wäll broder som syster åboor sin Faders och Moders Landh, therföre Rächna the wara sitt Landh sine Skogar, fiäll och fiskewatn, ther theras förfädher lefwat och bodt hafwa."

Samiska namn i terrängen ger ofta vägledning till intressanta och historiska platser.

Övre bilden: Midvinter på berget Assjatj (590 m) i Laisdalen. Jan 1966.
Nedre bilden: Bassegielas - den heliga skogen. Juli 1969.

Sami place names in the countryside often guide one to interesting and historic places.

Upper photo: Midwinter on Mount Assjatj (590 m.) in Laisdalen. Jan. 1966.
Lower photo: Bassegielas – the holy forest. July 1969.

Den tidigare omnämnde Samuel Rheen skräder inte orden när det gäller samernas ogudaktighet: "Lapparna ähro grofwe avgudhe dyrckiare the offra sine trää afgudar, Thor eller Thordöhn, sampt Stohrjunckaren och Sohlen, som wijdare skall förmälas, älska och mycket timmeligh och förgängeligh godz och egendomb, som sine Rehnar, Sölfwer och penningar, huilket the hålla för sitt högsta godha, at wara Rijk och förmögen."

"Avgudadyrkan ock annan trolldom ock besvärjelser, varmed de förut befläckat sig ock lemnat sig i onda andars våld, försvinna och förminskas nu för tiden för var dag, skrev Olaus Niurenius (1580-1645) som var kyrkoherde i Umeå åren 1619-1645. Han konstaterar dock i samma andetag att: "Detta sker från deras sida icke i följd av gudsfruktan ock förmaningar, vilka hittills icke kommit dem till del i synnerligen rikt mått, utan i följd av skräcken för straff ock för överheten, vilken icke lämnar dem ostraffade, som ertappas med besvärjelser och andra dylika skändliga ting."Våren 1693 fick den 60-årige samen Lars Nilsson från Mavasområdet vid Piteälvens källor bestiga bålet på Galgbacken i Arjeplog, efter en schematisk och orättvis

Svaipasamerna under flyttning till vinterbeteslandet över den sägenomspunna sjön Aisjaure. Bakom renhjorden Nils-Anders Lango på skidor och hund. 1969.

The Svaipa Sami during a migration to the winter pasture land across the legendary lake Aisjaure. Behind the reindeer herd, Nils-Anders Lango on his ski with his dog. Nov. 1969.

"Åt helvete! Ur vägen!" Ropen skallade över isen när jag korsade sjön för att få en bättre bild av renhjorden. Mitt första möte med bröderna Nils-Anders (f 1935) och Per-Henrik Lango (f 1939) blev något omtumlande. Nov 1969.

"Get the hell out of the way!" The shouts resounded across the ice when I crossed the lake to be able to take a better photo of the reindeer herd. My first encounter with the brothers Nils-Anders (b. in 1935) and Per-Henrik Lango (b. in 1939) was a rather bewildering experience. Nov. 1969.

rättegång. Han anklagades för häxkonster och brändes tillsammans med sin spåtrumma. Under förkristen tid (1600- och 1700-talet) utsattes samerna i Lappland för en hänsynslös förföljelse av svenska staten, där nomaderna vid summariska rättegångar rannsakades av illvilliga och ofta nedsupna präster för sin ursprungliga trosuppfattning. Böter och spöstraff var den vanligaste påföljden vid dessa så kallade troll- och vidskepelseprocesser som svepte fram över lappmarken. Det finns i övrigt mycket att önska beträffande prästerskapets framfart bland samerna. Kyrkans roll under kristendomens införande i Lappland är i många avseende en skamfläck i den svenska historien.

Naturen och klimatet ställde hårda villkor för den ursprungligen jagande och fiskande befolkningen. Efterhand tämjdes deras viktigaste villebråd renen och blev snart den mest betydelsefulla näringsgrenen för samerna. Vid sidan av jakten och fisket gav renen bokstavligen samerna deras dagliga bröd – kött, märgben och blodmat var det egna kökets främsta tillgång. Ur renen hämtades även material till kläder och slöjd. Kommunikationer och transporter i väglöst land utfördes med renens hjälp.Ur denna egenartade fångst- och jägarkultur utvecklades det samiska samhälle vi känner i dag.

Renägaren och hans dotter: Per-Henrik (f 1939) och Nina Lango (f 1972) Svaipa sameby. Jan 1996.

The reindeer owner and his daughter: Per-Henrik (b. in 1939) and Nina Lango (b. in 1972) of Svaipa Sami Village. Jan. 1996.

Varifrån samerna ursprungligen kom är fortfarande ett omtvistat ämne. Redan 1920 påvisade den framsynte forskaren professor Karl Bernhard Wiklund (1868-1934) att man "icke synes kunna sätta dem i närmare släktskapsförbindelse med någon annan känd människoras" varför man får anta att samerna är norra Skandinaviens urinvånare.

Som framgår av de historiska källorna är Lappland ett hävdvunnet kärnområde för den samiska kulturen, vars traditionella bosättningsområden, Sápmi, sträcker sig över fyra länder: Befolkningen uppskattas i dag till ca 60 000 personer varav 35 000 bor i Norge, ca 17 000 i Sverige, drygt 6 000 i Finland och knappt 2 000 i Ryssland.

Dagens moderna renskötsel bedrivs som ett rationellt näringsfång, där renägaren arbetar som företagare med sitt bokstavligen rörliga "kapital". Som näringsidkare använder han ofta bil, snöscooter och flyg under arbetet i renskogen, dessvärre även motorcyklar och fyrhjulingar, vilka lämnar bestående skador på fjällvidderna

– ett fortskaffningsmedel som snarast borde förbjudas i lag.

Beträffande renskötselrätten är den förknippad med medlemskap i en sameby, där styrelsen avgör vilka som får tillträde i byns marker. Med medlemskapet följer även jakt- och fiskerätt i området. Samer som av skilda anledningar mist sina renar har därmed också förverkat sedvanerätten till byns landområden. Dessa samer har under lång tid varit diskriminerade när det gällt bruksrätten till landområdena ovanför odlingsgränsen. Behörigheten att jaga och fiska har gått förlorad på samma sätt som rätten att bygga en egen bostad i fjällen. Låt oss hoppas att åtminstone alla röstberättigade samer i framtiden bereds möjlighet att skaffa sig en fritidsbostad i fjällen, så att samerna i förskingringen får en naturlig anknytning till den egna kulturmiljön. För den som ytterligare vill fördjupa sina kunskaper om samernas liv och leverne, rekommenderar jag Rolf Kjellströms bok: Samernas liv.

Bilden till höger: Klippnjallan vid Guhpusjávri är en av de få bevarade i landet. Förrådsbodar byggda på stora stenblock var inte helt ovanliga i äldre tid men de flesta har skattat åt förgängelsen i brist på underhåll. Maj 1977.

Photo on the right: The provision-shed built on a rock at Guhpusjávri is one of the few of its kind preserved in Sweden. Provision-sheds built on large stone blocks were not unusual in older times, but most of them have fallen to ruin through lack of maintenance.

Nedre bilden: Torvkåtan vid platsen för Ruonala gamla kyrka från 1500-talet. Maj 1977.
Photo below: The Sami turf hut at the site of the old Ruonala Church from the 16th century. May 1996.

Övre bilden: Kyrkkåtan vid sjön Virihaure i Padjelanta nationalpark. Aug 1976.
Upper photo: Sami church-hut of kurt at Lake Virihaure in Padjelanta National Park. Aug 1976.

Nedre bilden: Platsen för Petrus Laestadius (1802-1841) "bergspredikan" på Barturtefjället markerades första gången på kartan av Carl Johansson (1901-1983) Gällivare. På bilden ser vi Lars-Erik Ruong (f 1927) Arjeplog på den anrika platsen. Juni 1978.

Photo below: The site of Petrus Laestadius' (1802-1841) "sermon on the mount" on Barturtefjället was marked for the first time on the map by Carl Johansson (1901-1983) of Gällivare. The photo shows Lars-Erik Ruong (b. in 1927) of Arjeplog at this memorable place. June 1978.

Övre bilden: Offerstenen "Gaikagiedke" på Levattsfjället väster om Arvidsjaur. Juli 1996. /Upper photo: The sacrificial rock "Gaikagiedke" on the mountain Levattsfjället, thirty kilometres west of Arvidsjaur. July 1996.

Bilden i mitten: Nåiden Anah Vuollas grav på klippön Suddumsuola i sjön Tjeggelvas. Aug 1974. /Middle photo:The grave of the shaman Anah Vuollas, on the rocky island called Suddumsuola in Lake Tjeggelvas.

Nedre bilden: Nåiden Voroks grav på toppen av Påråktjåkkå (953 m) i Barturtefjällen. Sept 1997. /Photo below: The grave of the shaman Vorok on the top of Påråktjåkkå (953 m.) in the Bartutte Mountains. Sept 1997.

Lapland

When the 17th century turned into the 18th century, "Lapland" was used for the first time in written sources was the name of that part of northern Sweden which was inhabited by the Sami[1] . The borders of Lapland to the north and west were for a long time unclear, but in 1751 they were regulated and they now follow in the main the watershed line dividing Sweden and Norway. However, the region had become populated long before these dividing lines were determined and Lapland be-came a concept in the broader sense – more than 8,000 years previously.

We have not been able to determine with certainty which ethnic group first took possession of these enormous areas of land after the retreat of the inland ice. However, we tend to adhere to the theory that these first inhabitants of Northern Scandinavia were the ancestors of the Sami - a nomad people of collectors, hunters and fishermen who lived along the banks of rivers and shores of lakes.

Innumerable hearths, trapping pits and remains of the tent sites of "stalos" (giants in Sami mythology) bear witness to the migrations of this prehistoric hunting people as they tracked the elk and wild reindeer.

Ancient Sami names form associations with religious and mysterious places, tell us about legends and myths, and describe the character and qualities of the landscape, reflecting the attitudes of the old nomadic culture to nature and to the animal life in the area.

Places of sacrifice, graves and archaeological finds are other visible traces in the terrain which bear witness to an amazing ancient culture and religion. All around the Lapponia area we find the remains of migration trails, places for marking reindeer calves, landing places for boats, and ancient Sami dwelling sites.

To sum up, country which the passing visitor may perceive as wilderness often happens to be land that bears the marks of an ancient culture - owing to the fact that Sami have stayed there, sporadically at least, or followed their migration trails through the district for thousands of years. Many of the remains of this ancient culture can appear to be insignificant and of little value, but through their modest character they provide evidence of a people who have been living in harmony with nature until the second half of the 20th century.

Before the usage of Lapland as a term became more general, this hyperborean region was for a long time known as the shimmering and legendary Thule – a country where the sun shone all through the summer night and darkness and cold reigned, as black as night, the whole winter day long. As late as the Middle Ages the whole of northern Norrland was by and large regarded as one single huge common land, where everyone had the right to fish or hunt, carry on trade and set up house. The ordinary Swede had a very vague notion of these "mountains of the north and probably thought that [he] would be compelled to climb on their precipices as soon as [he] set foot in what was called Lapland".

Most people had heard of the Sami as practitioners of sorcery, who through the art of divination could accomplish what they wanted, "to the advantage of themselves or the detriment of others". However, extremely few strangers had made their way to these northerly districts, so that the Sami, "in the fashion of their ancestors and without fear of interference from people with different beliefs, could devote themselves to the practice of their heathen religion, with their noisy beating of prophetic drums, sacrifices and worship of seitar [2]".

Up to the 17th century, the Sami lived to all appearances a very primitive and isolated life in Lapland. Few clergymen had yet had reason to make their way up to these desolate and forbidding districts. Consequently, the roaming nomads could still gather around their bear spears, having placed them upright and together, chanting their "magic songs", or "yoiks", to invoke the Northern Lights, so that they might shine with the brightest light across the sky.

Johannes Schefferus (1621-1679) of Uppsala, the author of the book "Lapponia", which was published in 1673 in Latin, described the country in the north as follows, "Lapland is enveloped in darkness, separated by its marshes and forests, so that not even their neighbours really know or are able to say who these Lapps are and what they are like..."

On the other hand, the Sami themselves knew better. Nicolaus Lundius wrote in 1674, "The Lapps have given names to all the mountains, to all the lakes, to all the brooks and to all the marshes, and every one of them knows precisely where and how far his land stretches."

Övre bilden: Lennart Kihlberg (f 1964) Umeå och Margaretha Nordin (f 1943) Loholm, vid riksröse 226 på toppen Gåbdespakte (1223 m). Aug 1997.
Upper photo: Lennart Kihlberg (b. in 1964) of Umeå and Margaretha Nordin (b. in 1943) of Loholm, at boundary cairn 226 on the summit of Gåbdespakte (1,223 m.). Aug 1997.

Nedre bilden: Sarvslakt vid Bäno inom Semisjaur-Njarg sameby i Arjeplogsfjällen. Sept 1976.
Lower photo: Slaughter of reindeer bulls at Bäno in Semisjaur-Njarg Sami Village in the Arjeplog mountains. Sept 1976.

---

[1] Sami is the name that the Lapps prefer to call themselves nowadays.
[2] Rocks or wooden objects that were cult objects in the religion of the Sami.

Bilden till höger: Isak Parfa (f 1917) Tuorpon sameby, visar den traditionella samiska bostaden, kåtan, i Padjelanta för Silvia Sommerlath (f 1943), vår nuvarande drottning. Vid dörren Erik Sundblad (1929-1984) Falun. Maj 1976.

Photo on the right: Isak Parfa (b. in 1917) of Tuorpon Sami Village shows the traditional Sami dwelling, the Sami kurt hut, in Padjelanta to Silvia Sommerlath (b. in 1943), now Queen of Sweden. In front of door Erik Sundblad (1929-1984) Falun. May 1976.

"Svaipakungen" Lill-Anders Blind (f 1914) Arjeplog, lyssnar på väderleksrapporten i stugan på fjället. Han kallar sig själv för lapp och myntade en gång det smått klassiska uttrycket: "Samerna dom är mest bara till besvär för oss lappar." Lill-Anders blev genom hårt arbete i renskogen den förmögnaste samen i Sverige. Maj 1972.

The "King of Svaipa", Lill-Anders Blind (b. in 1914) of Arjeplog, is listening to the weather forecast in his cottage on the mountain. He calls himself a "Lapp" and once coined the almost classic expression, "The Sami are mostly a mere nuisance to us Lapps." Through hard work in the reindeer forest, Lill-Anders became the wealthiest Sami in Sweden. May 1972.

Moreover, Samuel Edvardi Rheen (1615?-1680), who was chaplain in a manufacturing estate and later served as a vi in Råneå from 1671-1680, asserted, "Real estate, such as lar lakes, mountains or fishing waters, is not distributed amo the children, but both brothers and sisters live on their mothe and father's land, and therefore they consider as their ov land, their own forests, their own mountains and their ov fishing waters the places where their forefathers have liv and resided."The previously mentioned Samuel Rheen c not mince his words concerning the ungodliness of the Sar "The Lapps are terrible worshippers of idols. They ma sacrificesto their wooden idols, Thor or Thordöhn, as well "Stohrjunckaren" and the Sun, which shall be expound further, and they have a great love of earthly and transitc possessions and property, such as their reindeer, silver a money, which they consider to be their most valuable thin in order to be rich and wealthy."

The Rev. Olaus Niurenius (1580-1645), who served as vicar in Umeå between 1619 and 1645, wrote, "Idolatry a other sorcery and incantations, with which they previous defiled themselves and abandoned themselves to the pow of evil spirits, are disappearing and diminishing at prese with every day that passes."

However, in the same breath, Niurenius stated, "This not happening, on their part, as a result of the fear of God a exhortations, which so far have not come to them to a p ticularly great extent, but rather as a result of terror of punis ment and of the powers that be, which do not leave tho unpunished who are caught reciting incantations and doir

other such nefarious things." In the spring of 1693, a 60 year-old Sami, Lars Nilsson from the Mavas area at the source of the Pite River, was burnt at the stake on Gallows Hill in Arjeplog, after a schematic and unjust trial. He was accused of sorcery and was burnt together with his prophetic drum. During their pre-Christian period (the 17th and 18th centuries), the Sami in Lapland were subjected to a ruthless persecution by the Swedish State, through which thenomads were tried in summary proceedings by malevolent and often drunken clergymen on account of their original religious beliefs. Fines and flogging constituted the most common punishments meted out at these so-called sorcery and superstition trials, which swept over Lapland. In other respects too, there is a great deal to criticise concerning the clergy's harassment of the Sami. The role of the Church during the introduction of Christianity in Lapland can in many respects be considered a disgrace in the history of religion in Sweden.

Nature and the climate created harsh conditions for the originally hunting and fishing population. As time went by, their most important quarry, the reindeer, was tamed and soon became the basis of the Sami's most significant branch of industry. Together with hunting and fishing, the reindeer provided the Sami with their "daily bread" – meat, marrow-bone and food made from reindeer blood were the main asset of Sami cuisine. The reindeer was also the source of material for clothes and handicraft. Communication and transportation in roadless country were carried out with the help of the reindeer.

ra Ruong (1908-1993) i stugan i Mavas – eller Stuor-Låbme – som vistet kallades i äldre tid. Sept 1976.
ra Ruong (1908-1993) in the cottage at Mavas – or Stuor-Låbme, as the camp was called in former times. Sept 1976.

*Sommarkväll vid
Tjaktjaure i Arjeplogs-
fjällen. Juli 1981.*

Summer evening
at Tjaktjaure in the
Arjeplog mountains.
July 1981.

Renar på sluttningen av Galtispuoda (800 m) Arjeplog. Aug 1971.

Reindeer on the slope of Galtispuoda (800 m.) in the Arjeplog area. Aug 1971.

From this distinctive trapping and hunting culture developed the Sami society that we know today. Where the Sami originally came from is still a matter of dispute. As early as 1920 the far-sighted researcher, Professor Karl Bernhard Wiklund (1868-1934) pointed out that the Sami "could not apparently be connected through any closer ties of kinship with any other known race of people", so that one might assume that the Sami are the indigenous population of northern Scandinavia.

As is evident from the historical sources, Lapland is one of the established heartlands of Sami culture, whose traditional areas of settlement, "Sápmi", stretch over four countries. The Sami population is estimated to total about 60,000 today, of whom 35,000 live in Norway, about 17,000 in Sweden, a good 6,000 in Finland and just under 2,000 in Russia.

The modern reindeer breeding of today takes the form of an efficiently run business where the reindeer owner works as an entrepreneur with the reindeer as his "trading capital". In pursuing his enterprise he often uses the car, the snowmobile and the aeroplane during his work in the reindeer forest. Unfortunately, motorcycles and four-wheelers are also used, which cause permanent damage to the vast expanses of mountain – a means of transportation that ought to be prohibited by law as soon as possible.

The right to carry on reindeer breeding is connected with membership in a Sami village, where the board decides who may gain access to the land of the village. Membership also includes hunting and fishing rights in the area. Those Sami who for different reasons have lost possession of their reindeer have also forfeited their right according to unwritten law to the land areas of the village. These Sami have for a long time been discriminated against concerning their right to use the land areas above the limit of cultivation. They have lost the legal right to hunt and fish, as well as to build their own house in the mountains. Let us hope that at least all those Sami who are entitled to vote in elections to the Swedish Sami Parliament will in the future be provided with the possibility of acquiring a holiday cottage in the mountains – so that the Sami scattered all over Sweden will gain a natural connection to their own cultural environment. I would recommend those who wish to acquire additional, deeper knowledge of the life and way of living of the Sami to read Rolf Kjellström's book: Samernas liv.

Under 40 år som lokalredaktör för Västerbottens-Kuriren i Sorsele blev Gösta Laestander (f 1930) något av ett begrepp i bygden. Som författare och fotograf har han gett ut ett flertal böcker med anknytning till Vindelälvens dalgång.

Även om Gösta Laestanders namn ofta förknippas med fiske är han en stor kännare av bygdens natur och kultur.

During his 40 years as the local editor of Västerbottens-Kuriren in Sorsele, Gösta Laestander (b. in 1930) became quite a household name in the district. As an author and photographer he has published several books dealing with the Vindel River Valley. Even if the name of Gösta Laestander is often associated with fishing, he is a real expert on nature and culture in the district.

En tidig oktobermorgon på 1960-talet stod jag vid en plats i Ammarnäs, där Vindelälven möter Tjulån och bildar en sjö. Solen värmde efter en kall natt, det glänste och glittrade i grenar och gräs, vattnet gled stilla, allt var tyst. När jag höjde blicken, såg jag fjället Ribovardos böljande rygg och bortom den Äivesåives heliga hjässa, pudrad vit av snö. Jag greps av skönheten i allt detta, det var nästan berusande, som en häftig förälskelse, vackrare fanns inte att se.

Då var jag inte medveten om att där även fanns någonting annat som ingav denna oerhört starka känsla; någonting som vi alla har. Ursprung. Rötter.

Många gånger senare under alla de år som passerat, har jag varit på samma plats. Känslorna är kanske inte lika häftiga som då. Men de har mognat. Jag ledsnar inte på att besöka Ammarnäs, det är som en ny upptäckt varje gång och den sker med glädje.

Den inledande beskrivningen gällde ett tillfälle, när jag åkt till Ammarnäs på uppdrag av tidningen Västerbottens-Kuriren. Det var inte den första gången och långt ifrån den sista. Det har sedan blivit otaliga, personliga besök.

För mig är naturen en viktig anledning. Men även människorna, särskilt de som på något sätt har formats i sitt sätt att vara och verka av den natur som omger dem. Människor som jag skulle vilja nämna vid namn, men de är många och då hamnar vi fel.

Det är en favör att lära känna dem. Och många gånger har jag undrat över den syn på folket i norr som inte sällan framskymtar söderifrån, att de är slutna och otillgängliga. Det är ju precis tvärtom – dessa genuina fjällbor är öppna, vänliga och raka i sitt sätt att vara, gästfria och generösa mot besökare och gäster.

Men alla dessa besök i Ammarnäs i flera årtionden har ju också inneburit, att jag hela tiden har kunnat ta del av de förändringar som har skett.

Under den första tiden brukades ännu raningarna. Det är namnet på de vackra naturängar som omger byns kärna vid älven. Bilden av raningarna och de många grå timrade ladorna möter de som kommer in mot byn efter vägen längs Vindel-älven. Under försommaren kan de sväm-mas över när smältvatten från fjällen forsar

fram, då är det mer dramatik än idyll. Förr kunde man sommartid se långa rader av hässjor med doftande gräs intill pittoreska små lador av grånat timmer. Ladorna står ännu kvar, raningarna grönskar varje sommar, men Ammarnäs är inte längre en jordbruksby. Dock kan man även numera om somrarna se kor och får och hästar gå där och beta. Raningarna hålls i hävd av andra skäl än att ge foder till husdjur. De kallas riksintressanta som kulturlandskap och besökare skall kunna njuta av deras skönhet.

Om vi gör en rundvandring i Ammarnäs, kan vi starta vid bron över landsväg 363 som kallas Vindelälvsvägen och börjar i Umeå 35 mil bort. Bron går över Tjulån, en vacker liten älv och ett charmant vatten för flugspöfiskare. Är det rätt tidpunkt på sommaren kan vi stå på bron och se granna fiskar i det klara vattnet.

Mitt emot bron finns ett kafé, längre bort till vänster hotellet Ammarnäs-gården och pensionat Jonsstugan. Näsberget med alpina anläggningar syns i bakgrunden.

Ammarnäsgården inrymmer en enastående fin naturutställning, naturum. Där kan man vistas i dagar och lära sig mycket om Europas största naturreservat, som Ammarnäs är inkörsport till. Det kallas Vindelfjällen, är centrerat kring Vindelälvens övre del men täcker även in stora områden vid Hemavan. Vindelfjällen är stort som Sarek och Padjelanta och mycket innehållsrikt, det ger utställningen besked om.

Därifrån kan vi vandra byvägen längs ån, förbi mataffären med all möjlig service och en liten tjärn med Forskningsstationen på den norra sidan. Dit kommer naturforskare från många universitet, fågellivet är studerat och kartlagt sedan flera tiotals år, forskning om fjällrävar är ett annat intressant projekt. Fjällräven är symbol för Vindelfjällen.

Vi viker av vid Samegården upp mot Lappstaden. En samling fina små byggnader, väl underhållna kulturminnen.

Därifrån ser vi Potatisbacken. Områdets stora sevärdhet, vi törs nog kalla den Europas märkligaste potatisland. En naturlig kulle, där byfolket odlat potatis i flera generationer. Fantastisk att se på sommaren när den grönskar, livligheten när folk samlas där i september för att gräva upp potatisen inför vintern, inbjudande som skidbacke när den ligger under ett vitt snötäcke vintertid. Uppe på Potatisbackens hjässa kan vi också stå och se ut över byn och fjällen, avnjuta alltsammans, oavsett årstid.Vid Potatisbackens fot ligger den vackra kyrkan, värd att studera närmare som kulturbyggnad och arkitektur. Den invigdes år 1912, samma år som Stockholms Stadion invigdes för olympiska spel, huvudstadens pampiga anläggning och fjällbyns träkyrka har samma arkitekt, Torben Grut. Från kyrkplatsen vandrar vi den branta vägen ner mot byvägen vid älven igen och ser en naturformad minnessten. Där står inristat att Ammarnäs by grundades år 1825 av Nils Johansson samt sönerna Johan och Anders. Platsen var bebodd långt tidigare, men Nils och hans hustru Magdalena räknas som de första bofasta bebyggarna. Hennes namn finns dock inte med på stenen, däremot kung Carl Gustaf på besök år 1976. Eftervärlden vet lite om dessa nybyggarkvinnor, men de måste ha gjort heroiska insatser mycket mer värda att uppmärksammas.

Johan och Anders är bygdehistoria. Johan (1824-1879) kallades Janken och var oerhört stark. Nu berättas gärna om hur han utan tvekan tog livtag på en skadeskjuten björn som dödat husdjur. En mustig historia om hur den ursinniga, vrålande björnen tvingades ge upp i denna sällsamma och fruktansvärda brottningsmatch mot en uppretad nybyggare.

Anders (1827-1896) var den som grundade Potatisbacken. Han var bara pojke då, fadern Nils hade varit på vintermarknad i Lycksele 35 mil därifrån och fått några potatisar som han vårdade ömt tills sommaren kom och det var dags att sätta dem i jorden, som han hade lärt sig. Där han satte knölarna frös de dock bort. Men Anders hade olovligt tagit några potatisar som han satte under en rotvälta på den höga kullen. Där växte de och gav en bra skörd.

Det var på 1830-talet. Anders fick förlåtelse för sitt tilltag, kullen röjdes ren från träd på solsidan och sedan dess har byborna odlat och skördat årsbehovet av potatis där. Det är ytterst sällan som

potatisblasten fryser där, skördens storlek varierar, men kvalitén är alltid utmärkt. Man kan förundras över att den stora backen aldrig torkar ut, förklaringen är att den vattnas naturligt genom en vattenåder. Växtligheten är rik ända upp på toppen av den sida som inte odlas.

Numera hålles varje sensommar före skörden en fest till Potatisbackens ära med färsk mandelpotatis samt helstekta renar och lamm på den gröna vallen vid Hembygdsgården.

Det var vid denna plats jag stod en tidig morgon på 1960-talet och fick den starka känsla som skildrats inledningsvis, men utan att riktigt förstå varför. Först senare lärde jag mig och insåg ett samband, här fanns rötter. Janken var min morfars far.

Nu har vi endast gjort en kort vandring och sett en liten del av det som är Ammarnäs. Vi har inte besökt skidbackar och liftar och mack, sett Vindelåforsens vattenspruta, besökt konsthantverkare som blivit internationellt berömda, ridit på islandshästar, färdats med båt, vandrat till fjällgården Örnbo eller ens fiskat i Vindelälven och Tjulån. Vi har inte vandrat efter Kungsleden, spanat efter fjällrävar eller allt otroligt fågelliv, sökt kantareller eller sett de behagliga blomsterängarna

vid vägen mot Tjulträsk. Inte åktskidor eller snöskoter efter fina spår och leder. Eller suttit intill det glasklara vattnet på en plats vi själva valt med kaffepannan över en sprakande eld och bara funnits till.

Vi har inte bekantat oss med någon same eller deltagit i färgsprakande skådespel, när de samlat tusentals renar till skiljning och slakt i september, uppe på fjäll som lyser av färger.

Så det återstår mycket, väldigt mycket och när jag summerar, är det kanske inte så konstigt att jag har hållit på i 40 år och ändå inte vet mera om Ammarnäs.

Den stora, fagra och levande fjällbyn med sin härliga topografi och bebyggelse, har ju också varit utgångspunkt för åtskilliga färder i fjällen. Många gånger sommartid till fots längs Vindel-älvens underbart vackra dalgång, ibland ända upp de sex milen till Vindelkro-kens sameläger vid norska gränsen.

Eller har jag vandrat uppe på Björkfjällets mjukt böljande och lättgångna hedar, med älven i den djupa dalgången nedanför. Då kan jag ha stannat ett tag på en utlöpare av Framak-tjåkkos väldiga stup, eller intill en liten fjällbäck inramad av lysande blommor, och som i andakt tagit del av naturens förunderliga skönhet.

Vy från Potatisbacken i Ammarnäs med hembygdsgården och naturängar med timmerlador. View from the Potato Hillock in Ammarnäs, with the Community Centre and natural meadows with timbered barns. Foto: Gösta Laestander 2000.

Early one October morning in the 1960s, I stood at a place in Ammarnäs where the Vindel River meets the river Tjulån and forms a lake. I could feel the heat from the sun after a cold night, the branches and the grass glittered and glistened, the water flowed tranquilly, and everything was quiet. When I raised my eyes, I saw the undulating ridge of Mount Ribovardos and, beyond that, the holy crown of Mount Äivesåive, powdered white with snow. I was profoundly touched by the beauty of all this. It was almost a feeling of intoxication, like an intense infatuation, as if nothing more beautiful could ever be seen.

At that time I was not conscious of the existence of something else there that inspired this extremely strong feeling, something that we all possess – namely our origin, our roots.

I have visited this same place many times during all the years that have passed since then. My feelings have perhaps not been as intense as then. However, they have matured. I never grow tired of visiting Ammarnäs, which is like a new discovery every time, and a discovery that I make with delight.

The introductory description concerned an occasion when I had travelled to Ammarnäs on an assignment for the newspaper VästerbottensKuriren. It was not the first time, and far from the last. Since then I have made innumerable private visits there.

For me nature is an important reason – as well as the people, particularly those who in some way have been formed in their way of being and acting by nature in their surroundings. People whom I would like to mention by name, but who are so many that this would be an impossible task.

It is a favour to make their acquaintance. And many are the times when I have wondered at the view of the people in the north that one frequently encounters in the south, that they are reserved and inaccessible. Of course, it is precisely the opposite. These genuine mountain people are open, friendly and straight in their way of being, and they are hospitable and generous to visitors and guests.

However, all these visits to Ammarnäs during several decades have of course also meant that I have all this time been able to study the changes that have taken place.

The heart of the village at the river is surrounded by beautiful natural meadows, and at the time of my first visits these meadows were still in use. The picture of these meadows and the numerous grey timbered barns meets those who approach the village along the road following the Vindel River. During the early summer the meadows can be flooded when the melt water from the mountains surges forth, and then the scene is more dramatic than idyllic.

In former days in the summertime one could see long rows of hay-drying racks with sweet-scented grass, quite close to picturesque small barns of gray timber. The barns are still standing and the meadows turn green each summer, but Ammarnäs is no longer a farming village. However, even nowadays in the summer one can see cows, sheep and horses wandering around grazing. The meadows are maintained for other reasons than to provide fodder for livestock. They are said to be of national interest as cultivated land and visitors are to be able to take delight in their beauty.

If we are going to make a tour of Ammarnäs, we can start at the bridge across Highway 363, which is called the "Vindel River Highway" and starts in Umeå 350 kilometres away. The bridge crosses Tjulån, a beautiful little river and excellent water for anglers who want to fly-fish. At the right time in the summer, we can stand on the bridge and see fine-looking fishes in the clear water.

Opposite the bridge there are a café and further along to the left the hotel "Ammarnäsgården" and the boarding house "Jonsstugan". Näsberget with its alpine skiing centre can be seen in the background.

Ammarnäsgården houses an exceptionally fine exhibition depicting nature in the area and called "Naturum". You can spend days there learning a great deal about the largest nature reserve in Europe, which Ammarnäs is the entrance to. It is called the Vindel Mountains,

has its centre around the upper part of the Vindel River, but also covers large areas at Hemavan. The Vindel Mountains area is as large as Sarek and Padjelanta and has a rich treasure to offer, which the exhibition shows clearly.

From there we can walk along the village road along the river, past the provision-shop with all kinds of goods and past a little lake with the Research Station on the northern side. Naturalists travel there from many universities. The bird life has been studied and documented for several decades and research on arctic foxes forms another interesting project. The arctic fox is a symbol of the Vindel Mountains.

We turn off at the Sami Homestead, up towards "Lapp Town". A collection of fine, small historical buildings in good repair.

From there we can see the Potato Hillock. This is the district's big attraction and we probably dare to call it the most remarkable potato field in Europe. A natural hillock where the villagers have grown potatoes for several generations. It is fantastic to see in the summer when it has turned green, full of life when people gather there in September to dig up the potatoes before the arrival of winter, and tempting to use as a ski slope when it is lying under a white cover of snow in the winter. Up on the crown of the Potato Hillock we can also stand and look out over the village and the mountains, taking delight in the whole view irrespective of the season.

At the foot of the Potato Hillock lies the beautiful church, whose architecture and cultural value make it worth closer study. It was consecrated in the year 1912, the same year as Stockholm Stadium was inaugurated for the Olympic Games. The capital city's magnificent sports stadium and the wooden church of the mountain village have the same architect, Torben Grut.

From the site of the church we walk down the steep road towards the village road at the river again and see a naturally formed memorial stone. There it is inscribed that the village of Ammarnäs was founded in the year 1825 by Nils Johansson and his sons Johan and Anders. The place was inhabited long before, but Nils and his wife Magdalena are considered to be the first permanent settlers. However, her name is not inscribed on the stone, which, on the other hand, does bear the name of King Carl Gustaf, who paid a visit in 1976. Posterity knows little of these women settlers, but they must have made heroic contributions worth much more attention.

Johan and Anders are part of the local history. Johan (1824-1879) was called Janken and was tremendously strong. People like to tell the tale of how he without hesitation applied a waist-lock on a bear that had been shot and injured and had killed livestock. A racy story about how the raging mad, roaring bear was forced to surrender in this strange and terrific wrestling match against an enraged settler.

Anders (1827-1896) was the one who founded the Potato Hillock. He was only a boy then, and his father Nils had been to the winter market in Lycksele, 350 kilometres away, and had obtained a few potatoes which he was looking after with care until the summer would come and it would be time to put them in the ground, as he had learnt. However, he planted the potatoes at a place where they got blighted by the frost. But Anders had, without permission, taken a few potatoes and planted them under an uprooted tree on the high hillock. They grew there and gave a good crop.

That was in the 1830s. Anders was forgiven for his prank, the trees were cleared from the sunny side of the hillock, and since then that is where the villagers have been growing and harvesting enough potatoes to meet their yearly requirements. It is extremely seldom that the potato tops freeze there. The size of the crop varies, but the quality is always excellent. One may be surprised that the large slope never becomes parched. The explanation is that it is watered naturally through a vein of water. The vegetation is rich, right up to the top of the side that is not being cultivated.

Nowadays, each year in late summer a festival is held before the harvest in honour of the Potato Hillock, with fresh almond potato and reindeer and lamb roasted whole, on the green grazing ground at the Community Centre

It was at this place that I stood early one morning in the 1960s and experienced that strong feeling which I described by way of introduction and which had come to me without me really knowing why. It was not until later that I learned of and realised the connection – that here were my roots. Janken was the father of my maternal grandfather.

Now we have only completed a short tour and seen a small part of what constitutes Ammarnäs. We have not visited ski slopes, ski-lifts and the petrol station, seen the water surging forth down the Vindelå Rapids, visited craftsmen creating art handicraft who have become internationally renowned, ridden on Icelandic horses, travelled by boat, walked to the mountain homestead Örnbo, or even fished in the Vindel River and Tjulån. We have not walked along the "King's Trail", searched for arctic foxes or for all the unbelievable bird life, looked for chanterelles, or seen the delightful flowery meadows along the road to Tjulträsk. We have not skied or driven a snowmobile along fine tracks and trails. Nor have we sat near water clear as glass, at a place chosen by ourselves, with the coffee kettle over a sparkling fire, just feeling ourselves exist. We have not

acquainted ourselves with a Sami or participated in the colourful spectacle when thousands of reindeer have been rounded up in September for sorting out the herds and for slaughter, up on the mountains shining with colours.

So a great deal remains to be experienced, indeed a tremendous amount. And when I sum up, it is perhaps not so strange that, despite my 40 year-long acquaintance with Ammarnäs, I still do not know more about the place.

This grand, fair and lively mountain village, with its delightful topography and buildings, has of course also been the point of departure for a good many tours in the mountains. Often in the summertime on foot, along the wonderfully beautiful valley of the Vindel River, sometimes covering the sixty kilometres up to Vindelkroken's Sami camp at the Norwegian border.

On other occasions I have wandered up on the softly undulating and easily walked heaths of the mountain Björkfjället, with the river in the deep valley down below. Then I may have stopped for a while on a spur of Framakjåkko's terrific precipice, or close to a small mountain brook framed by bright flowers, and as if in a devotional spirit experienced the marvellous beauty of nature.

Kurt Laestander (f 1957), Norrköping vid Vindelälven ett par mil uppströms Ammarnäs. Kurt Laestander (b. in 1957) of Norrköping, at the Vindel River, twenty km or so upstream from Ammarnäs. Foto: Gösta Laestander. Juli/July 1997.

Maria (1892-1990) och Lars Larsson (1887-1984) Häika, på vedbacken. Juni 1978.
Maria (1892-1990) and Lars Larsson (1887-1984) of Häika, on their firewood patch. June 1978.

Grönbena på gam
Wood sandpiper c

Nybygget Örnbo - bland samer och nybyggare i Ammarnästrakten fick Lappmarksdoktorn Einar Wallquist sitt elddop som läkare 1920. Aug 2000.
The mountain homestead Örnbo – among Sami and settlers in the Ammarnäs district, Einar Wallquist had his first real test as a doctor in 1920. Aug 2000.

g. Juni 1974.
n old hay-drying rack. June 1974.

Häckande kungsörn i skogslandet. Aug 1978./Golden eagle breeding in the forest land. Aug 1978.

De sista fjällgårdarna

För bara ett halvt sekel sedan var avstånden stora mellan röken från fjällbygdens gråtimrade stugor och samernas torvtäckta kåtor i Lappland. Nybyggaren valde ofta att sätta upp sitt hus långt från närmsta granne. Han behövde skogens och fjällens väldiga ytor för sitt och familjens uppehälle. Av samma orsak byggde han gärna sitt hem vid en fiskrik sjö eller älv. Slåttermyrar och goda bärmarker inom räckhåll från den egna torvan var även av stor vikt.

Jakten och fisket var betydelsefulla beståndsdelar i nybyggarnas och fiskesamernas dagliga livsföring - dels för det egna köket men även för avsalu. Fågel, fisk och viltskinn var begärliga produkter för kuststädernas köpmän under vintermarknaderna i lappmarken.

Självhushållets dagar är nu förbi. Fjällbefolkningen lever inte längre under samma stränga villkor. Där samerna och nybyggarna i äldre tid till fots drog fram längs upptrampade stigar under svettdrypande bördor eller med seniga armar rodde tungt lastade båtar längs vattendrag och sjöar, finns i dag oftast bra bilvägar. Även där nomaderna i äldre tider flyttade med raider ledda av en tamhärk i spetsen följda av en lång rad klövjade eller med ackjor förspända härkar, sker transporterna av förnödenheterna nu med snöskoter eller flyg. Flyttningen av renhjordarna mellan kust och fjäll sker oftast med lastbil.

Kommunikationerna har förbättrats och tiderna förändrats. Med den äldre generationen samer och fjällbor dör nu en gammal livsform ut - en livsform som under århundraden existerat till stor del oförändrad i en annars snabbt skiftande värld. Fiskesamer som lämnat rennäringen, yrkesjägare i skogarna närmast fjällen, arrenderande fjällägenhetsinnehavare och självägande fjällbönder som brukat jorden och nomadiserande rensamer har tillsammans skapat en unik och isolerad kultur i lappmarken som nu får ge vika för något annat. Än står väl en och annan ko eller kanske några getter kvar i de små mörka ladugårdarna men i de flesta fall står bås ock kättar tomma sedan kreaturen slaktats eller sålts. Arbetshästar saknas helt. Åtskilliga av dessa äldre småbruk - som under svett och möda bröts upp i fjälldalarna – ligger i dag för fäfot. Björkbuskarna flockar sig runt de oslagna vallarna medan byggnaderna har rasat samman eller står med röta mellan timmervarven och förfaller. Det vilar en ödesmättad stämning av djupt vemod över dessa övergivna gårdar i lappmarken. Generationers drömmar och förhoppningar ligger i spillror

kring gårdstunet och de brutna tegarna och påminner om en strävsam vardag som en gång var ett sjudande liv långt inne i den famnande vildmarken.

Detsamma kan sägas om många av de äldre och övergivna vår- höst- och sommarvistena på fjället. Samernas livsföring har radikalt förändrats genom bättre kommunikationer. I de gårdar och visten där livet ännu lever kvar i sina hävdvunna former kämpar befolkningen en ojämn kamp mot den nya tiden och allt eftersom den äldre generationen går ur tiden följer mycket av det genuina och fäderneärvda med i graven. Den äldre lappmarkskulturen förpassas till historien.

Flertalet av de äldre fjällbor jag mötte under min ungdom i Lappland har haft ett gott minne och noggrant kunnat redogöra för sina liv och upplevelser. Emellanåt har dock åldern tagit ut sin rätt...

"Jag är en gammal man." Så inleder den samiske författaren Lars Rensund (1901-1993) sin bok "I samernas land förr i tiden" från 1986. Kan en skrift av en äldre berättare börja bättre? Lars Rensunds litterära produktion var mycket sparsam – tre böcker varav den sista utgavs på Norrbottens Museums förlag i Luleå under hans 85:e levnadsår.

Han var en, av arbete och ålder, grånad och böjd man, när jag sista gången besökte honom på Vaukagårdens ålderdomshem i Arjeplog, i början av det år som skulle bli hans sista. Han blev med tilltagande ålder mer och mer lik sin far Anders Persson (1849-1932).

Lars Rensund var under sin krafts dagar en engagerad och stridbar företrädare för samernas rättigheter. Det fanns en stark hetta – en lidelse – för den egna kulturen och renskötselns framtid i allt han skrev och yttrade. Hans oöverträffade minne för äldre historiska enskildheter var omvittnat upp i hög ålder.

Maria Larsson (1892-1990) på gården i Häika. Nov 1977.

Maria Larsson (1892-1990) on the homestead at Häika. Nov 1977.

Nu satt denne gamle talesman och förkämpe för samisk kultur på ålderdomshemmet. Han hade donerat sin anspråkslösa boksamling till biblioteket i kommunen - hans aktiva tid som skribent var slut...

Vi drack kaffe i hans oansenliga kammare och pratades vid under några timmar - mest gamla minnen! Om händelser och människor som gått ur tiden. Bland annat påminde han mig om en gemensam vandring vi företagit upp tillhans barndomsmarker vid Spira sameviste för över 20 år sedan... När jag sent omsider tackade för samtalet och tog adjö, frågade min gamle vän, var jag hade min fasta adress numera. Jag nämnde som det var, att jag fortfarande var bosatt i Rosvik utanför Piteå. Till min stora förvåning så påpekade Lars Rensund att han faktiskt kände en annan fotograf som var bosatt i Rosvik, som hette Kurt Kihlberg och brukade vistas mycket i Arjeplogsfjällen.

Ja, det är inte alltid lätt att bli gammal. Lars Rensund avled sommaren 1993 i Arvidsjaur på väg till sametingets högtidliga öppnande i Kiruna. Han var en av tre speciellt inbjudna hedersgäster. Med honom gick en av de sista veteranerna i den samiska rättskampen ur tiden.

De flesta äldre människor jag lärde känna i fjällbygderna vilar även de i dag på kyrkogården. Bland dem jag minns bäst var den godmodige och otidsenlige kulturbäraren "Veje-Abraham" (1891-1984). Han berättade gärna om sina hågkomster - var på något vis besjälad med markerna runt hembygden.*

När man reser längs Silvervägen från Arjeplog upp mot Abrahams hemtrakter i Laisdalen, passerar man Bassebäckens utlopp i sjön Aisjaur väster om byn Östansjö. Några kilometer uppströms jokken ligger den heliga sjön Bassejaure och något högre upp den likaledes heliga skogen Bassegielas. Om dessa märkliga trakter berättade Veje-Abraham:

När man vandrar i Basseskogen har man alltid en förnimmelse av det man i gammal tid kallade "fasan". Man bar på en obehaglig känsla av att vara iakttagen. Ofta stannade man och såg sig om i visshet om att man inte längre var ensam. Det var en olustig känsla som hela tiden gjorde sig påmind - men inte gick att förklara.

Abrahams uppgifter har bekräftats av närboende Rurik Karlberg (f 1915) Östansjö, vars far ofta hört talas om fasan i Basseskogen - att "skatteeldar" ofta brann i det närbelägna myrområdet Favanjuonne.

De historiska källorna ger vid handen, att upp till Bassejaure kom en ung student - troligen Johan Nicolaus (Nils) Sundelin (1770-1822) - för att predika och omvända samerna från deras avguderi. Nils Sundelin tog studenten 1786 och blev sedermera kyrkoherde och prost i Arjeplog under åren 1807-22. Hans farfar Erik Ersson härstammade från Jokkmokks lappby, varför man får anta, att Nils var väl insatt i sina fränders gamla kultplatser.

En "gielas" utmärker ofta en plats där tjädern gärna spelade om våren, en företeelse vars dagar, i detta fall, tycks vara räknade. Den heliga lavskogen Bassevuopme är nu delvis förstörd genom kalavverkning – någonting som numera ofta kännetecknar stora områden i Lappland.

- Det är inte mycket till jaktmarker som återstår i fjälltrakterna, konstaterade Abraham, som under sina sista år började känna av åldern. Under ett av sina sällsynta besök på sjukstugan i Arjeplog träffade han en gammal bekant från Östansjö, Frans Helmer Karlberg (1882-1961).

- Nå, Abraham vad fattas dig när du har måst göra den långa resan till sjukstugan, frågade Frans.

"Hä är blon", jag ska på läkarundersökning, svarade Abraham.

Det ska jag säja dig Abraham, jag var på lasarettet i Piteå en gång och fick nytt blod - och jag gör aldrig om det! Jag blev så trött efter den där behandlingen - blev rent liggande i flera veckor. Sen fick jag höra av en bekant att piteborna var allmänt kända som slöa – så int vet jag, troligen fick jag blod från någon lat bondgubbe från trakten. Så akta dig noga för att bli inlagd på en sjukvårdsinrättning i Piteå.

Abraham glömde aldrig de orden. Många år senare blev han själv inlagd på lasarettet i Piteå. Det blev aktuellt med blodtransfusion. Abraham blev skrämd inför det väntade ingreppet och ropade med hög och gäll röst till den häpna personalens stora förvåning.

- Men det ska vara lappblod! Jag godkänner inget annat, för jag har hört att piteborna är så slöa.

Hur utfallet blev av Abrahams sjukhusvistelse är det ingen som längre minns. Han levde dock pigg och glad fram till sitt 93:e levnadsår. När jag besöker begravningsplatsen i Arjeplog, stannar jag ofta en stund vid Abrahams och hustrun Ingeborgs (1897-1984) sista vilorum - en gravvård där jag ännu aldrig sett en blomma. Tankarna går då osökt till några rader av poeten Helmer Grundström (1904-1986).

Här ligger dom båda i jorden och sover
Där maskarna grävt sina mörka alkover,
Och allt vad dom tänkte
Och allt vad dom drömde
Och allt vad dom sörjde
Och allt vad dom gömde
Förvandlas till mylla i maskarnas bo,
Gud give, gud give, dom båda har ro.

Övre bilden till vänster: Den legendariske fångstmannen och pälsjägaren Abraham Johansson (1891-1984) Vejenäs. Sept 1977.
Upper photo on the left: The legendary hunter and trapper Abraham Johansson (1891-1984) of Vejenäs. Sept. 1977.

Nedre bilden till vänster: Författaren Lars Rensund (1901-1993) Arjeplog. Juli 1974.
Lower photo on the left: The author Lars Rensund (1901-1993) of Arjeplog. July 1974.

*Läs vidare sidan 138

The last mountain homesteads

Not more than half a century ago, there were great distances between the pillars of smoke rising from the gray log cabins and the Sami turf huts in the mountain districts of Lapland. The settler often chose to erect his house far away from his nearest neighbour. He needed the vast expanses of forest and mountain to support himself and his family. For the same reason he preferred to build his home at a lake or river rich in fish. Mowable marshes and good country for berries, within reach from the settler's own plot of land, were also of great importance. Hunting and fishing were significant components of the daily way of life of the settlers and Fishing Sami – not only for their own cooking, but also for selling. Game birds, fish and the hides of wild animals were products much sought after by merchants from the coastal towns during the winter markets in Lapland.

The days of the self-subsistent household are over now. The mountain population no longer lives in the same severe conditions. In places where the Sami and the settlers in former times advanced by foot along beaten tracks and bearing exhausting burdens, or with their sinewy arms rowed heavily laden boats along watercourses and lakes, nowadays there are most often good motor roads. Or in places where the nomads in bygone days migrated with reindeer caravans led by a tame reindeer stag at the head, followed by a long row of stags equipped with packs or pulling Sami sledges, the transportation of necessities is now most often carried out by snowmobile or aeroplane. Moving the reindeer herds between the coast and the mountains is most often accomplished by lorry.

Communications have improved and the times have changed. As the older generation of Sami and mountain inhabitants now passes away, an old way of life is now vanishing – a way of life that for centuries existed largely unchanged in an otherwise rapidly changing world. Fishing Sami, who had left the reindeer industry, professional hunters in the forests closest to the mountains, tenants leasing mountain holdings and owner-farmers on the mountains who cultivated the land, and nomadic Reindeer Sami have together created a unique and isolated culture in Lapland which now has to yield to something else. A few cows here or there or maybe a few goats are still standing in the small, dark cow-houses, but in most cases the stalls and boxes have remained empty since the animals were slaughtered or sold. There are no workhorses at all. Quite a number of these older small farms – which with great toil and hardship were dug up in the mountain valleys – lie uncultivated today. Small birches flock around the unmown fields, while the buildings have collapsed or are standing with rot between their tiers of logs and are falling into decay. A fateful atmosphere of deep melancholy pervades these deserted homesteads in Lapland. The dreams and hopes of generations are lying in ruins around the yard of the homestead and the patches of tilled ground, reminding one of a strenuous everyday reality which was once seething with life deep in the embrace of the wilderness.

The same can be said of many of the older and deserted spring, autumn and summer camps of the Sami on the mountains. The Sami's way of life has radically changed through better communications. In the homesteads and camps where life is still lived in the time-honoured ways, the population is fighting a losing battle against modern times, and as the older generation gradually departs this life, many of the genuine traditions handed down from father to son are following it into the grave. The older culture of Lapland is being relegated to history.

Most of the older mountain people whom I met during my youth in Lapland have had a good memory and have been able to give accurate accounts of their lives and experiences. Occasionally, however, one sees that age is beginning to tell on them ...

"I am an old man." With this sentence the Sami author Lars Rensund (1901-1993) begins his book "In the land of the Sami in former times"im Swedish, from 1986. Can a publication written by an older story-teller begin any better? Lars Rensund's literary production was very sparse – three books, the last of which was published by Norrbotten Museum in Luleå during the 85th year of his life.

He was a man who was grey-haired and bent due to old age and work when I visited him for the last time at Vaukagården Old People's Home in Arjeplog, at the beginning of the year that was to be his last. With increasing age he became more and more like his father, Anders Persson (1849-1932).

Lars Rensund was in his prime a committed spokesman for the rights of the Sami and he had plenty of fighting spirit. There was a strong ardour – or passion – for his own culture and the future of reindeer breeding in everything that he wrote and said. Many can bear witness to his unsurpassed memory of older historical details up to a very old age.

Now the old spokesman for and champion of Sami culture sat in an old people's home. He had donated his modest collection of books to the municipal library – his active period

STF:s turiststuga vid Pältsan. Sept 1977./The Swedish Touring Club's tourist cabin at Pältsan. Sept. 1977.

Författaren Stig Cederholm (1905-1980) och Palle Abbing (1928-2001) Luleå, på fågeljakt i Arjeplogsfjällen. Sept 1975.
The author Stig Cederholm (1905-1980) and Palle Abbing (1928-2001) of Luleå, hunting game birds in the Arjeplog mountains. Sept. 1975.

as a writer was at an end.

We drank coffee in his small room and conversed for a few hours – mostly about old memories! About events that had taken place and people who had departed this life. Among other things he reminded me of a walking tour that we had undertaken together up to the country where he had spent his childhood at Spira Sami Camp, more than 20 years previously ...

When at length I thanked him for the conversation and said goodbye, my old friend asked me what my permanent address was nowadays. I told him that I still lived in Rosvik outside Piteå. To my great surprise Lars Rensund pointed out that, as a matter of fact, he knew another photographer who lived in Rosvik, who was called Kurt Kihlberg and used to spend a great deal of time in the Arjeplog mountains. It is not always easy to grow old.

Lars Rensund passed away in the summer of 1993 in Arvidsjaur, on his way to the inauguration of the Swedish Sami Parliament in Kiruna. He was one of three specially invited guests of honour. When he departed this life, one of the last veterans from the struggle for Sami rights disappeared.

Most of the older people whom I have become acquainted with in the mountain districts also keep Lars company in the cemetery. Among those whom I have the clearest memory of was the good-natured and old-fashioned medium of culture "Veje-Abraham" (1891-1984).

He took pleasure in narrating his recollections[1], and in a way his soul was at one with nature in his home district.
When you travel along the Silver Highway from Arjeplog, up to Abraham's home district in Laisdalen, you pass Bassebäcken's outflow into the lake Aisjaur, west of Östansjö. A few kilometres upstream along the mountain brook lies the holy lake Bassejaure and somewhat higher up the equally holy forest Bassegielas. Veje-Abraham had the following to say about these strange places, "When you walk in Bassegielas, you always have a sensation of what people in former times called 'dread'. You would have the uncomfortable feeling that you were being observed. You would often stop and look around in the certainty that you were no longer alone. It was an unpleasant feeling that all the time made itself felt – but was impossible to explain."
Abraham's description has been confirmed by Rurik Karlberg (b. in 1915) of Östansjö, who lived close by, whose father had often heard about the "dread" in Bassegielas and said that "treasure fires[2]" often burned in the neighbouring area of marsh called Favanjuonne.

The historical sources indicate that a young student – probably Johan Nicolaus (Nils) Sundelin (1770-1822) – came up to Bassejaure to preach and convert the Sami from their idolatry. Nils Sundelin was awarded his academic upper secondary school certificate in 1786 and afterwards became vicar and dean in Arjeplog during the years 1807-22. His paternal grandfather, Erik Ersson, came from Jokkmokk Lapp Village, so that one may suppose that Nils was very familiar with his kinsmen's old places of worship.

Heathy pine forests are typical places where the capercaillie like to perform their mating dance in the spring, a phenomenon whose days, in this case, seem to be numbered. The holy lichen forest Bassevuopme is now partially destroyed through clear felling, which is nowadays often characteristic of large areas of Lapland.

"The hunting grounds left in the mountain districts are not up to much," declared Abraham, who in the last years of his life started to feel his age. During one of his rare visits to the cottage hospital in Arjeplog, Abraham met an old friend from Östansjö, Frans Helmer Karlberg (1882-1961). Frans asked, "Well, Abraham, what's the matter with you that you have to make the long journey to the cottage hospital?" Abraham replied, "It's the blood. I'm in for a check-up."

"I'll tell you something, Abraham," said Frans, "I was in Piteå Hospital once and got new blood – and I would never do it again! I got so tired after that treatment – ended up in bed several weeks. Then I was told by a friend that it was common knowledge that people from Piteå were lazy. So I don't know, I probably got the blood of some lazy old countryman from the Piteå district. So, be very careful not to get admitted to any hospital in Piteå."

Abraham never forgot those words. Many years later he himself was admitted to Piteå Hospital. His treatment involved a blood transfusion. Abraham was frightened at the thought of the operation that awaited him and shouted with a loud and shrill voice, to the great surprise of the amazed staff, "But it has to be the blood of a Lapp! I wouldn't approve of anything else, for I've heard that people from Piteå are so lazy."

No one remembers any longer what the outcome of Abraham's stay in hospital was. However, he lived as an alert and cheerful man until the 93rd year of his life. When I visit the cemetery in Arjeplog, I often stay a while at Abraham's and his wife Ingeborg's (1897-1984) last resting-place – a grave where I have never seen a single flower in the flower bed. My thoughts then lead inevitably to a few lines by the poet Helmer Grundström (1904-1986).

Here they both lie asleep in the earth
Where the worms have dug their dark alcoves,
And all their thoughts
And all their dreams
And all their grief
And all their secrets
Are transformed into humus in the home of the worms,
May it please God to grant repose to both of them.

[1] See also page 140 for more on Veje-Abraham.
[2] Fires lit by higher spiritual powers to mark places where Sami had hidden their treasure.

Författaren Kjell Lundholm (f 1938) Gammelstad, är något av en kulturinstitution i Norrbotten. Få om ens någon besitter så ingående och djupa kunskaper om länets kulturhistoria som denne museiman och arkeolog. Som forskare var han länge knuten till Norrbottens museum, där han även var chef och landsantikvarie åren 1975-1987. Som flitig föreläsare och skriftställare har Kjell Lundholm delat med sig av sitt stora kunnande - blivit ett välkänt och aktat namn med en omfattande bokproduktion bakom sig.

The author **Kjell** Lundholm (b. in 1938) of Gammelstad is something of a cultural institution in Norrbotten County. There are few people, if any at all, who possess as detailed and deep knowledge of the County's cultural history as this museum officer and archaeologist. For a long time he was connected as a researcher to Norrbotten Museum, where he was also the Director and County Custodian of Antiquities between 1975 and 1987. As a diligent lecturer and author, Kjell Lundholm has shared his great store of knowledge with other people. He has become a renowned and esteemed figure with a considerable list of publications to his name.

Långudden och Stenudden, Vuolvojaure och Tjeggelvas, Arvestuottar och Akka-pakte, Heika och Västerfjäll. Så klingar namnen exotiskt när vi rör oss i den övre Piteälvens dalgång. Två byar, två sjöar, två fjäll, två väglösa människans boningar. Men även två och åter två resor dit bort, till det hörn av Lappland som jag vill minnas.

En gång eller 1978 - det var när området hotades av vattenbyggare varför en grupp kulturforskare gjorde en specialstudie på beställning av den s k Överledningsutredningen. Vi åkte med turbåten från Stenudden till Västerfjäll. På den tiden fanns det regulär samtrafik några gånger i veckan med turbuss från Arjeplog och båtskjuts med lantbrevbärare Landström över sjöarna. Den gången, ja då bodde man fortfarande fast och året runt i Västerfjäll.

Vi steg iland, gick förbi torkställningen för nylonnät som var inhägnad så att inte renar, kor och hundar skulle ge sig på sådana människans moderna påfund som faktiskt hade hittat upp till fjällkanten. Vi togs emot av gammelparet Per och Margareta Andersson, som på sitt karakteristiska fjällbo-språk berättade om gångna dagar. Till exempel att förr minsann, då mötte man folk i alla husen (det var visst fyra hushåll som avsågs), då fanns det unga människor i gårdarna, då hade man potatis på ett helt annat sätt än nu. Men odling, det var inte mycket att tala om. Istället ville de båda gamla minnas när lapparna kom ned från fjället med sina hjordar och att det fanns egna renmärken bland nybyggarna.

Vi gick uppför sluttningen, förbi lagårdsknuten, passerade kapellet som lyste i all sin vithet, inspekterade potatisen. Den spirade visserligen färskt grön men några kvantiteter att tala om sökte vi förgäves. Snart nådde vi den lilla tjärnen bakom husen. Där var blockrik mark, och utan att komma ihåg hur stegen styrdes dit gjorde vi som kulturforskare en spännande upptäckt. Bland blocken låg det lekattfällor, med den uråldriga formen av en kluven stockbit. Ingen i trakten ville riktigt kännas vid om detta var en levande fångstmetod eller en historisk relikt. Hur som helst: vi hade funnit spår av ärjemarkskultur, när fångst, renskötsel och jordbruk nyttjades

samtidigt. Vad som fattades rent definitionsmässigt var att fångsten skedde under reglerade former där den enskilda familjen hade sina fastslagna områden fjärran från gården.

En annan gång gällde det inspelning av en tv-film. Arbetsnamnet var måhända en smula kryptiskt eller "Den slutna älvdalen". Storyn kan tyckas i sig enkel: att jag skulle åka med ett sportflygplan efter Piteälven och för piloten berätta vad vi såg längs vägen "från havet till källorna". Efter några dagar nådde vi Västerfjäll, landade där båtarna brukade lägga till, gick över tunet förbi torkställningen, knackade på liksom förra gången hos Per och Margareta. Nu kunde de berätta vidare, om varg och ren, snöstorm och barnafödande i obygd, då och nu. En bråkdel av detta kom att återges i tv-version och rikssändning. En detalj minns jag från programmet. Per nämnde "storlagårn" apropå svunna tider. Då fick han frågan, hur stor var i så fall kreatursbesättningen. Två kor, svarade han självklart. Det speglar förvisso en storhetstid i Västerfjäll, när det nu begav sig.

En tredje gång, om vi ska fortsätta med uppräkningen, gällde det en bilburen rekognoscering 1993 eftersom jag arbetade med min skrift "Från Storebben till Sulitelma". Temat var inte enbart geografiskt utan minst lika mycket att skildra Pitedalen i historiska tvärsnitt och där sista kapitlet kallades Från industriarbetare till dataoperatör. Jag färdades på skogsvägar kring Vuolvojaure och Tjeggelvas. Industriarbetare - ja litet av sådant skymtade eftersom det i Norra Bergnäs hade funnits en liten sågverksrörelse. Till och med Akkajaures utlopp i Tjeggelvas rensades till en användbar flottled. Men dataoperatör - något sådan varelse stod inte att upptäcka i dessa trakter. Istället hade befolkningen kring sjöarna krympt avsevärt sedan sist. Västerfjäll hyste inte längre några människor vintertid, turbåten med post och passagerare från Stenudden hade dessutom upphört. I Skierfa höll man sig fortfarande kvar med djur och bosättning. Den gången kom jag inte till Västerfjäll utan fick leva på mina minnen. "Storlagårn" kändes numera än mindre en realitet. Vad hände därefter utifrån mitt personliga perspektiv, eller utifrån temat

Margareta (1897-1989) och Per Andersson (1896-1989) - ett strävsamt småbrukarpar från Västerfjäll. Aug 1981.
Margareta (1897-1989) and Per Andersson (1896-1989) - an industrious couple running a small farm at Västerfjäll. Aug. 1991.

Mitt Lappland? Resorna för min del har blivit bilburna, som till Norra Bergnäs, där man diskuterar kapellets rivning likt kronan på verket vad gäller avfolkning. Som bortom Stenudden och till Örnvik, numera försett med bilväg men även en grånad mangårdsbyggnad som avtecknar sig mot fjällkedjans överskjutningsbrant på andra sidan sjön. Eller till vad? Kanske Trollforsarna långt nere i skogslandet där man har ersatt flottningsarbetarnas timmeravlägg med ett turistiskt "iordningställande" som innefattar hängbro, eldplatser och husvagnsparkering.

Det är lätt att kalla allt detta för såväl förändring som försämring, och att arbetets landskap blir ersatt av fritidsmänniskornas. Vad man som besökare glömmer bort är att vi har fått uppleva ett böljeslag som nu drar sig tillbaka, en kolonisationsvåg, som historiskt sett i sen tid även har inneslutit fjällrandområdet. Västerfjäll fick sin fasta bosättning först 1863 och Örnvik kom till i början av 1900-talet. Det var jordhunger lika med en knapp försörjning hemmavid som drev folk till perifera lägen. Det var där reliktföreteelser som ärjemarkskultur kunde leva kvar allra längst. Det var där man hade en livsstil som Carl Fries poetiskt har sammanfattat med orden "yngst är äldst i svensk bygd". Med detta avses den i historisk tid tillkomne nybyggaren, med en livsföring baserad på boskapsskötsel, fiske och fångst. Dessa näringar, som levt kvar in i sen tid och därför kallas "yngst", hör till de äldsta av människornas sätt att försörja sig. Fjällstugebon av sent snitt men stöpt i gammal form njuter markens håvor på sitt sätt, "på den bebodda världens gräns."

Som tillfällig gäst i Västerfjäll fick jag faktiskt uppleva ett kulturlandskap, eller en livsstil, som idag är förlorad. Att tala om fjällen innesluter inte bara natur utan även människans land sedan årtusenden, trots att detta låter märkligt när man först möter påståendet. Lite av slöjan som döljer verkligheten lyftes undan för mig när jag gick över tunet, förbi storlagårn och nybyggarparet långt där borta i Västerfjäll.

Långudden and Stenudden, Vuolvo-jaure and Tjeggelvas, Arvestuottar and Akkapakte, Heika and Västerfjäll. The names sound as exotic as these when we move about in the upper valley of the Pite River. Two villages, two lakes, two mountains, and two dwellings in roadless country. As well as two, and then two more journeys up there, to the corner of Lapland that I want to remember.

One journey took place in 1978. That was when the area was threatened by hydraulic engineers, which was why a group of cultural researchers conducted a special study ordered by the so-called "Commission on Re-channelling". We travelled with the regular boat service from Stenudden to Västerfjäll. At that time there was a regular combined service that ran several times a week, with a bus from Arjeplog and a boat which the local rural postman, Mr Landström, drove across the lakes. Indeed, that time there were still people living permanently and all the year round at Västerfjäll.

We went ashore, walked past the drying frame for nylon nets that was fenced in so that reindeer, cows and dogs would not interfere with these modern inventions of mankind, which had in fact found their way up to the edge of the mountains. We were welcomed by the old couple Per and Margareta Andersson, who in the characteristic language of mountain people narrated about bygone days. For example, in the old days, to be sure, you could go and visit people in all the houses (there were four households concerned, I believe), there were young people living on the homesteads, and you grew potatoes in a completely different way than now. However, cultivating the land – there was not much to say about that. Instead both of the old people wanted to recall when the Lapps came down from the mountain with their herds and how the settlers had their own reindeer marks.

We went up the slope, past the corner of the cow-house, passed the chapel that shone in all its whiteness, and inspected the potatoes. They were certainly sprouting up out of the ground

and were a fresh green colour, but we looked in vain for any quantities worth speaking of. Soon we reached the little lake behind the houses. There was an abundance of boulders on the land, and without remembering how our steps were led there, we made an exciting discovery in our capacity as cultural researchers. Among the boulders there were ermine traps spread out, with the ancient form of a split piece of log. No one in the district really wanted to ack-nowledge that this was a currently used trapping method or that it was an histo-rical relic. In any case, we had found tra-ces of a "wilderness culture" based on the simultaneous practice of trapping, reindeer breeding and farm-ing. There was one aspect missing, purely by defi-nition, in that the trapping did not take place in a regulated man-ner at a place where the individual family had its own stipulated areas far away from the homestead.

One other time the purpose of my journey was to make a TV film. The working title was perhaps slightly cryp-tic, "The secluded river valley". The subject may seem simple in itself. I was namely to travel in a small private plane along the Pite River and describe for the pilot what we saw along the route "from the sea to the sources of the river". After several days we reached Västerfjäll, landed where the boats used to moor, walked across the yard of the homestead past the drying frame, knocked on Per and Margareta's door, just like the previous time. Now they were able to continue their narra-tion, about wolves and reindeer, snowstorms and childbirth in the wil-derness, in the past and in the present. A fraction of this came to be included in the TV version and in the national broa-dcast. I remember one detail from the programme. Per mentioned the "large cow-house" when talking about the days of yore. Then he was asked how many livestock were involved in this case. "Two cows," he replied quite naturally. That certainly reflects a period of greatness in Västerfjäll, back in the good old days.

A third time, if we are to continue the enumeration, I drove up in 1993 to

perform some reconnaissance for work on my publication "From Storebben to Sulitelma" in Swedish. The theme was not just geographical, but concerned to an equal degree, at least, cross-sec-tions of the history of the Pite River Valley, and the last chapter was entitled "From industrial worker to computer operator". I drove on the forest roads around Vuolvojaure and Tjeggelvas. Industrial worker – well, I was able to catch a glimpse of this "species", since at Norra Bergnäs there had been a small sawmill business. Akkajaure's outflow into Tjeggelvas was even clea-red to make a usable floatway. Computer operator, however – no such person could be discovered in these districts. Instead the population around the lakes had dwindled considerably since the last time. The houses of Västerfjäll did not provide a home for anyone during the winter any longer, and the boat service conveying mail and passengers from Stenudden had cea-sed. At Skierfa a settlement with cattle still remained. This time I did not go to Västerfjäll, but had to live on my memo-ries. The "large cow-house" felt even less real then.

What happened after that from my personal perspective, or with reference to the theme "My Lapland"? My jour-neys there have been by car, for examp-le to Norra Bergnäs, where the demoli-tion of the chapel is being discussed, as a sort of finishing touch in the process of depopulation. Or beyond Stenudden and to Örnvik, which has now been fur-nished with a motor-road and a farm-house that has turned grey and stands out against the overthrust precipice of the mountain chain on the other side of the lake. Or where to? Perhaps to Trollforsarna, the rapids far down in the forest land, where the logfloaters' temporary timber landing has been replaced with a touristy "arrangement" consisting of a suspension bridge, fire-places and a parking place for caravans.

It is easy to call this both innovation and deterioration, and to say that the landscape of work is being replaced by the landscape of leisure. What one for-gets as a visitor is that we have been able to experience the impact of a wave that is now drawing back, a wave of colonialization, which historically in recent times has also included the area on the edge of the mountains. Västerfjäll did not have its first permanent settlement until 1863 and Örnvik came into existence at the beginning of the 20th century. It was hunger for land, the equivalent of scanty means of supporting oneself at home, which drove people to peripheral locations. It was there that relic phenomena such as a "wilderness culture" could survive the longest of all. It was there that people had a life style which Carl Fries poetically summarised with the following words, "the youngest is the oldest in settled country in Sweden". By this he referred to the settler, who appeared within historical times, with a way of life based on cattle-breeding, fishing and trapping. These sources of livelihood, which have still survived in recent times and are therefore called the "youngest", belong to the oldest of mankind's ways of making a living. The inhabitant of the mountain cottage who is of the later breed, but is still cast in the mould of bygone days, enjoys the bounties of the land in his way, "on the border of the inhabited world".

As a temporary guest at Västerfjäll, I was in fact able to experience an area with a rich cultural heritage, or a lifestyle, which today has been lost. Talking about the mountains includes not only nature, but also the land as used by the people for millennia, in spite of the fact that this assertion may sound strange when first heard. A small part of the veil that conceals reality was lifted for me when I walked across the yard of the homestead, past the big cow-house and the old settler couple far away there at Västerfjäll.

De förnöjsamma paret Lars (1887-1984) och Maria Larsson (1892-1990) från Häika. Aug 1981.
The contented couple Lars (1887-1984) and Maria Larsson (1892-1990) from Häika. Aug. 1981.

Drömmen om lappmarken

Norra Lappland i augusti 1922. Ur en öppen Ford på Storgatan 12 i Arjeplog stiger en 26-årig dalslänning. Med resväskorna packade - fyllda av drömmar och förhoppningar samt en bestämd vilja att gör något av sitt liv - har han rest norrut. Som tf provinsialläkare till en gudsförgäten lappmark som ännu i början av 1900-talet levde sitt eget liv...

Till Arjeplog fanns bara en grusväg som var farbar under några korta sommarmånader - den sjutton mil långa sträckan från Jörns järnvägsstation nere vid stambanan upp till kyrkbyn. I övrigt fanns inga vägar ut till fjällbygden, så när som på en "blindtarm", som byggdes 1912 mellan byarna Båtsjaur och Laisvall.

Avstånden i den glest befolkade kommunen var ofantliga och isoleringen i fjällbygden fruktansvärd - fjällsocknen var lika stor som Skåne och Blekinge sammantaget. För den unge medicinaren blev mötet med sitt nya sjukvårdsdistrikt något av en chock - en häftig kollision mellan romantiska drömmar och bister verklighet...

I bygden fanns ingen ordnad sjukvård - bostadsstandarden var låg och arbetsförhållandena primitiva. Posten kom tre dagar i veckan och telefonförbindelserna utåt var usla. Landskapet skrämde den oinvigde. Det fanns ingenting av det vi i dag förknippar med kulturutbud. Utanförskapet måste ha känts svårt för en ung man i sina bästa år - även om han inte var helt främmande för miljön. Han hade vikarierat under några sommarmånader i Sorsele 1920, varvid han kommit i kontakt med förhållandena i fjällbygden under den ljusa årstiden. Ja, ryktet berättade att han näst intill varit förlovad med en sameflicka från bygden – att han varit beredd att kosta på henne en rejäl utbildning inför ett eventuellt giftermål. Hur denna kärlekshistoria i folkmun fick sin upplösning kan vi i dag bara spekulera i.

Den nye doktorn var rätt tystlåten och gjorde inte mycket väsen av sig under sin första tid i Arjeplog. Han blev för många ortsbor en stor besvikelse. Folket i bygden besökte förvisso mottagningsrummet på sjukstugan och berättade om sina krämpor, men den unge doktorn fick snart rykte om sig att vara bestämd och inte så intressant som man först tänkt sig. Han var nog väldigt kunnig som läkare och ingav stor respekt sas det allmänt - men han väckte inte omedelbart den omgivande befolkningens tillgivenhet och beundran. Nymodigheten att "springa på sjukstugan" ebbade snart ut och doktorn fick allt mindre att göra. Den

unge läkarens namn var Einar Wallquist (1896-1985) - han skulle snart bli berömd genom sina skildringar av sjukbesök runt fjällbygden under ett annat namn: "Lappmarksdoktorn."

- Jag fick föga arbete. Det var ej många patienter som kom och det var svårt att få dagarna utfyllda. Jag minns än hur jag kunde rysa då jag tittade ut i det utkylda väntrummet där någon enstaka patient satt och huttrade...

- Det var inte alla gånger lätt att orka hålla ut. Lusten att ge upp låg ständigt på lur. Redan de yttre förhållandena var hårda nog att avskräcka den som var fostrad att leva under väsentligt annorlunda betingelser.

- Men jag lärde mig mer och mer förstå och till och med uppskatta dessa jordnära men så riktiga fjällbor. Det tog dock tid att komma underfund med deras särart och att komma dem närmare. När jag väl hade bestämt sig för att stanna, då hade jag bara att ta det så som det bjöds. Man orkade för man var inställd på att inte få ha det annorlunda. Jag stannade kvar i Arjeplog och det har jag sannerligen aldrig behövt ångra. Lappmarken har gett mig många innehållsrika år och upplevelser... Så berättade Einar Wallquist på äldre dar om sin första tid i lappmarken...

Vem var då denne Lappmarksdoktor? Var han den respektingivande och kunnige provinsialläkare som en del patienter ville göra gällande? Eller var han snarare en reaktionär ödemarksromantiker som många av hans kritiker hävdade? Eller möjligen den framsynte samlaren och forskaren med en bred skara av beundrande kollegor och forskare runt landet?

Ja, myterna och legenderna kring Einar Wallquists person har frodats. Lappmarksdoktorn var en mångfacetterad man och hans sammansatta personlighet har tolkats av ortsbor och besökare i berättelser och skrönor...

Einar Wallquist var en person som väckte blandade känslor - bakom det lätta handslaget och den skenbart förfinade skepnaden dolde sig en viljemänniska av ovanliga mått.

Doktorn var enveten och envis och dagtingade aldrig med sin fasta övertygelse. Oftast drev han igenom allt han föresatt sig - oavsett konsekvenserna. Doktorn besatt därtill en karisma som påverkade alla i hans omgivning - fick landshövdingar och generaldirektörer att bokstavligen stå med mössan i hand inför den lille mannen. För Einar Wallquist var inte stor! Han var kortvuxen och finlemmad, en kultiverad person med en forskande blick och ett sirligt

Silvermuseet - som blev pensionären Einar Wallquists (1896-1985) skapelse - har på ett värdigt sätt krönt denne renässansmänniskas livsverk. Mars 1976.
The Doctor of Lapland became through his writings an established figure far beyond the borders of Sweden. The Silver Museum – which Einar Wallquist (1896-1985) created in his retirement – has in a dignified way crowned the life-work of this Renaissance man. March 1976.

Från Vindelälven i söder till Luleälvens källor i norr sträckte sig lappmarksdoktorns sjukvårdsdistrikt.

The medical care district of the Doctor of Lapland stretched from the Vindel River in the south to the sources of the Lule River in the north.

Övre bilden till vänster:
Från svenska stortoppen av Sulitelma (1877 m) mot Jeknaffo (1836 m).
Aug 1974.

Upper photo on the left:
From Sulitelma´s great summit on the Swedish side of the border towards Jeknaffo (1,836 m).
Aug. 1974.

Bilden till höger:
Utsikten från Årjep Saulo (1715 m) över Mavasjaure.
Juli 1972.

Photo on the right: The view from the summit of Årjep Saulo (1,715 m) over Mavasjaure. July 1972.

Nedre bilden till vänster:
Från sluttnigen av Tjuolta (1418 m) öppnar sig utsikten mot Tarrekaisemassivet (1828 m). Sept 1982.

Lower photo on the left:
From the slope of Tjuolta (1,418 m) the view opens out towards the Tarrekaise Massif (1,828 m). Sept. 1982.

"Befolkningen i Arjeplogsfjällen är inget slutet och dystert släkte. De är glada och öppna, tillgängliga och humoristiska", berättade Einar Wallquist. På bilden Arne Westerlund (f 1923) Jäckvik. April 1995.

"The population of the Arjeplog mountains are not a reserved and gloomy people. They are happy and frank, sociable and humorous," said Einar Wallquist. In the photograph we see Arne Westerlund (b. in 1923) of Jäckvik. April 1995.

sätt att röra sig, som förde tankarna till en liten spenslig fin greve Schwerin, vilket gjorde honom till något av en främling bland den övriga befolkningen i lappmarken.

Kort sagt: Einar Wallquist var en människa av ovanligt format. Hans starka utstrålning - auktoritära och kraftfulla aura - lyfte honom över det smått vardagliga och fick honom att framstå som den unika kulturpersonlighet han var. Något av en kvarleva från den gustavianska tidens geniala mångsysslare eller möjligen en Michelangelo av 1900-talssnitt.

Det är svårt - för att inte säga omöjligt - att i dag teckna en entydig och sammansatt bild av den man som dolde sig bakom doktorsfasaden. De flesta av Einar Wallquists nära vänner och anhöriga är sedan länge borta. Ja, doktorn hade på något vis överlevt sig själv - blivit en kvarleva från 1800-talets slut. Han var den siste folklivsforskaren i modern tid som ännu under 1970-talet berättade om de olika "lapps-tammar" han besökt längst fjälldalarna i Arjeplog. Einar Wallquist var en berättare av rang, något av en aktör på scenen - liten i kroppen, klar i tanken och intensiv i utspelet. Metaforerna avlöste varandra medan humorn ofta glimmade under de buskiga ögonbrynen när han var i sitt esse. Över det höga hårfästet stretade vanligen de grå håren egensinnigt åt alla håll - när de vintertid inte doldes av den gamla "skinnlurk" han gärna bar. Sommartid föredrog han på äldre dagar en svart basker (han bar ofta hatt i yngre dagar).

Ja, doktorns profil hade en ovanlig kraft - ansiktsuttrycket växlade ständigt kring den säkra fältherreblicken. Hans kulturella engagemang gjorde honom snart till en mångsidig man med många strängar på sin lyra. Lappmarksdoktorn blev ett begrepp långt utanför Sveriges gränser…

Einar Wallquist var beläst med stora kunskaper inom skiftande ämnen. Hans breda verksamhetsfält och smått otroliga arbetsflit är väl dokumenterad. Var han än uppträdde blev han omedelbart medelpunkten i auditoriet – omdiskuterad men respekterad för sin rakryggade hållning. Doktorns livliga intellekt och goda iakttagelseförmåga är även allmänt omvittnade. Han blev aldrig svaret skyldig. När någon en gång i ett storvuxet sällskap dristade sig att fråga hur det kändes att vara så liten blixtrade han till: "Som en tioöring bland femöringar" blev det kvicka svaret. Personligen kände jag Einar rätt väl - alltför väl tyckte den gamle doktorn ibland, när han bland folket i fjällbygden fick höra, att jag ställde frågor om honom och hans leverne.

- Låt mig åtminstone få krypa ner i graven först, sa Einar, när jag en morgon yppade mina planer på att göra en bok om hans liv. Och mer än en gång fick jag höra av doktorn, att han minsann skällt på mig i sin "dagbok", när något inte blivit som han tänkt sig. Den "dagboken" ligger nu inlåst - tillsammans med en del andra handlingar - i en kista på Silvermuseet och får enligt Wallquists direktiv inte öppnas förrän 50 år efter hans död.

- Det var ingen egentlig dagbok som far förde, utan snarare ett litet häfte där han ibland gjorde små noteringar, säger adoptivsonen Alrik Wallquist (f 1921) Arjeplog. Doktorn poängterade ofta under samtal att dessa "papper" bara fick komma under ögonen på seriösa forskare.

Att Einar Wallquist var en målmedveten och viljestark personlighet har nog de flesta som närmare lärt känna honom rätt snart fått klart för sig. Han var inte alltid lätt att ha att göra med om man förfäktade en egen mening. Doktorn hade minst sagt respekt med sig var han än visade sig - vilket fler än författaren till dessa rader fått erfara genom åren. Einar Wallquist förblev ogift under hela sitt liv och var de sista åren en mycket ensam människa, vilket då-varande kyrkoherden i Arjeplog, Axel Andersson (f 1925), ofta påpekade för författaren.

Det var inte många arjeplogsbor som med handen på hjärtat kunde säga att de verkligen kände doktorn privat. Inte ens "flickorna" på museet kom Wallquist helt in på livet. Deras respekt och beundran för "doktorn" var alltför stor. Eller som sonen Alrik utryckte det: "Vi barn uppfostrades av far till att lyssna - inte att ifrågasätta eller ställa frågor."

Ja, mycket återstår att berätta när det gäller Einar Wallquists liv och leverne. Även om han inte var den förste läkaren i Arjeplog, blev han den mest ryktbare genom tiderna – något av en rikskändis utan att behöva sätta sitt ljus under skäppan.

Bland läkarkollegor rådde delade meningar om lappmarksdoktorns gärning. Professor, Dr. Med. Sixten Haraldson (f 1911) Träslövsläge, berättar från sina möten med den egensinnige kulturprofilen:

"Vi beundrar dr Wallquist framför allt som konstnären men uppfattade honom som rätt självupptagen och ointresserad, exempelvis av kollegor med liknande erfarenheter av arbete i Lappland.

I början av 1950-talet besökte jag Wallquist (i hans hem på kaffe) samman med en högre militär. Wallquist ville inte höra något om mitt lappmarksdistrikt (1945-61), höll monolog 20 minuter, reste sig och indikerade att besöket var slut.

September 1985 besökte jag Silvermuseet samman med två USA-kollegor. Det intresserade Wallquist mycket och han demonstrerade föremål 30-40 minuter på engelska. Hade aldrig hört mitt namn. Det hindrar inte att han var en av de mest färgstarka läkare vi haft i Sverige."

Så långt vännen Sixten Haraldson som på sidan 52 i boken berättar från sina år som lappmarksdoktor i vårt nordligaste fjällområde i Lappland.

Under sjukresor runt bygden tog Einar Wallquist ofta in i byn Gargaur. På soffan Helge Lundström (f 1914) Gargaur. Mars 1992.

Travelling around the district to pay sick-calls, Einar Wallquist often stayed in the village of Gargaur. On the sofa Helge Lundström (b. in 1914) of Gargaur. March 1992.

43

Ett ensamt skidspår som söker
sig bort i skogarnas djup,
ett ensamt skidspår som kröker sig fram över
åsar och stup,
över myrar där yrsnön flyger
och martall står gles och kort
- det är min tanke som smyger
allt längre och längre bort.

Ett fruset skidspår som svinner
i skogarnas ensamhet
ett mänskoliv som förrinner
på vägar som ingen vet
- fjärran förblevo svaren
på frågor som hjärtat bar
- ett slingrande spår på skaren
min irrande vandring var.

Ett ensamt skidspår som slutar
vid plötsligt svikande brant
där vindsliten fura lutar
sig ut över klippans kant
- vad stjärnorna blinka kallt,
hur skymmande skogen står,
hur lätta flingor falla
på översnöade spår

A solitary ski track leading off
into the depth of the forests,
a solitary ski track curving forward
over ridges and steep slopes,
over marshes where whirls of snow are flying
and dwarfed pines stand sparse and short
- it is my thoughts that are stealing
further and further away.

A frozen ski track disappearing
in the solitude of the forests
a person´s life ebbing away
on paths which no one knows of
- distant remained the answers
to questions born by the heart
- my wandering around was
a winding track on the frozen crust on the snow.

A solitary ski track that ends
at a suddenly falling precipice
where a wind-worn pine leans
out over the edge of the rock
- how the stars blink coldly,
how the forest dims and conceals,
how light flakes fall
onto tracks covered with snow.

Bertel Gripenberg (1878-1947)

Lappmarksdoktorn Einar Wallquist fångades av Arjeplogsfjällens
storslagna natur. Midvinter över Räkermassivet (1380 m).
Jan 1971.

Det gick åt helvete med höet.
Det gick åt helvete med kornet.
Det gick åt helvete med byn.
Det gick åt helvete med människorna.

Stenarna i åkern
går aldrig åt helvete.
Ogräset i vallen
går aldrig åt helvete.
Snigeln i potatisen
går aldrig åt helvete.

Det som inte går åt helvete
vart fan går det
och vad i helvete ska man göra åt det?

Beppe Wolgers (1928-1986)

The Doctor of Lapland, Einar Wallquist, was captivated by the magnificent natural scenery of the Arjeplog mountains. Midwinter at the Räker Massif (1,380 m). Jan. 1971.

The hay has gone to pot.
The barley has gone to pot.
The village has gone to pot.
The people have gone to pot.

The rocks in the field
never go to pot.
The weeds in the grazing-ground
never go to pot.
The slug in the potato
never goes to pot.

Whatever doesn't go to pot –
where the devil does it go
and what the hell can you do about it?

Beppe Wolgers (1928-1986)

Långt bortom åkrar och gärden
och långt bakom torp och tjäll
ligger ett grönskande hedland
mellan isiga urtidsfjäll.

Där låg jag på rygg i ljungen
och stirrade upp mot skyn
och tänkte på alla gamla
som kroknade nere i byn.

Där gick de med sura ögon
och skrumpna i led och lem
befriade från den oro
som lockar från torva och hem.

Sommartid var det. Och blomtid.
Och hjärtat slog hett och rött.
Men ångestfull låg jag och tänkte
på allt som var vissnat och dött.

Far beyond fields and pastures
and far beyond crofts and cottages
there is a verdant moorland
between icy primeval mountains.

There I lay on my back in the heather
staring up at the sky
thinking of all the old ones
walking with a stoop down in the village.

There they walked with surly eyes
their limbs and joints all shrunken
free from all the restlessness
that entices one from one's own home and plot of land.

It was summertime – the season of flowers.
And my heart beat, all hot and red.
But full of anguish I lay and thought
of everything that had withered and died.

Helmer Grundström (1904-1986)

Dreams of Lapland

Northern Lapland in the August of 1922. A 26 year-old man from the Province of Dalsland climbs down from an open Ford at the address 12 Storgatan in Arjeplog. With his suitcases well packed – filled with dreams and hopes and a determination to achieve something with his life - he has travelled north. As temporarily appointed district medical officer, he has arrived in a godforsaken Lapland which at the beginning of the 20th century was still living a life of its own ...

Only one gravel road led to Arjeplog and it was only passable during a few short summer months – covering the 170 km-long stretch from Jörn's railway station down at the trunk line up to the church village. Otherwise there were no roads out to the mountain district, except for a dead end that was built in 1912 between the villages of Båtsjaur and Laisvall.

The distances in the sparsely populated municipal area were enormous and the isolation of the mountain district was dreadful. The mountain parish was as large as the Provinces of Skåne and Blekinge put together. The young doctor's encounter with his new medical care district became something of a shock, a dramatic collision between romantic dreams and grim reality ...

In the district there was no organised medical care, the housing standard was low, and the working conditions were primitive. The mail was delivered three days in the week and the telephone connections to the outside world were very poor. The landscape was frightening to the uninitiated. There was not a trace of what we today associate with cultural offerings. This young man in his prime must have experienced the outsiderness as difficult, even if the environment was not entirely foreign to him. He had worked as a relief doctor for a few summer months at Sorsele in 1920, in doing which he had come into contact with the conditions in the mountain district during the bright season of the year. Indeed, it was rumoured that he was practically engaged to a Sami girl from the district – that he had been prepared to go to the expense of providing her with a proper education before a possible marriage. Today we can only speculate about how this rumoured love story might have unravelled.

The new doctor was quite taciturn and rather retiring at the beginning of his medical practice at Arjeplog. For many of the local people he was a great disappointment. It is true that the people of the district visited his surgery at the cottage hospital and told him about their ailments, but the young doctor soon acquired the reputation of being resolute and not so interesting as people first thought that he would be. It was reported in general that he was undoubtedly a highly skilful

doctor and inspired great respect, but that he did not immediately attract the attachment and admiration of the local people. The new-fangled idea of "running to the cottage hospital" soon ebbed away and the doctor had less and less to do. The young doctor's name was Einar Wallquist (1896-1985). He was soon to become renowned through his depictions of sick-calls all around the mountain district under another name, "The Doctor of Lapland".

In his old age, Einar Wallquist himself described his first years in Lapland as follows: "There was little work for me to do. Not many patients came and it was difficult to fill up my days. I still remember how I could shudder when I looked out into the chilly waiting room, where some solitary patient was sitting shivering ...

"It was not always easy to manage to persevere. The urge to give up was constantly lurking in the background. The external conditions alone were severe enough to discourage anyone who was brought up to live in essentially different conditions.

"But I learned more and more to understand and even appreciate these down-to-earth but so genuine people of the mountains. However, it took some time to figure out their distinctive character and to establish closer contact with them. Once I had decided to stay, it was only a question of accepting things as they were. One managed because one was prepared for the fact that life would not be any different. I remained in Arjeplog and that is something that I have definitely never had cause to regret. Lapland has given me many eventful years and rich experiences ..."

Who then was this "Doctor of Lapland"? Was he the awe-inspiring and competent district medical officer, as some of his patients liked to assert? Or was he rather a reactionary romantic of the wilderness, as many of his critics maintained? Or possibly the far-sighted collector and researcher with a wide circle of admiring colleagues and researchers all around Sweden?

Indeed, the myths and legends surrounding Einar Wallquist as a person have flourished. The "Doctor of Lapland" was a multi-faceted man and his complex personality has been interpreted by the local people and visitors in stories and tall tales ...

Einar Wallquist was a person who aroused mixed feelings. Behind the light handshake and the seemingly refined guise, an extraordinarily strong-willed person was concealed. The Doctor was stubborn and unyielding and never compromised with his firm convictions. Most often he carried through everything that he had made his mind up to do – regardless of the consequences. Moreover, the Doctor possessed a charisma that influenced everyone in his surroundings, and made county

Från toppen av Svaipa 1430 m ser Einar Wallquist ut över Pite lappmark - fjällbygden som blev hans arbetsfält under närmare sju decennier.
From the top of Svaipa (1,430 m.), Einar Wallquist looks out over the Pite area of Lapland – the mountain area that came to be his medical district during almost seven decades. Sept. 1977.

governors and directors general literally stand with cap in hand in front of the little man. For Einar Wallquist was not big! He was short in stature and slender-limbed. A cultivated person with a searching look and an elegance in his movements that made one think of the slender fineness of a count, which rather rendered him an outsider among the rest of the population in Lapland. In short, Einar Wallquist was a person of unusual calibre. His strong charisma – authoritarian and forceful aura – raised him above the ordinariness of everyday life and made him stand out as the unique leading personality in the field of culture that he was. Something of a relic from the Gustavian Age with its versatile men of genius, or possibly a kind of 20th century Michelangelo.

Today it is difficult, if not impossible, to draw an unambiguous and composite picture of the man concealed behind the facade of the Doctor. Most of Einar Wallquist's close friends and relatives passed away long ago. Indeed, the Doctor had in a way outlived his day – had become a relic from the end of the 19th century. He was the last ethnologist in modern times who during the 1970s could still narrate about the different "Lapp tribes" that he had visited along the mountain valleys in the Arjeplog area.

Einar Wallquist was a first-class story-teller, something of an actor on the stage – physically small, thinking clearly and with an intense style of narration. He used metaphors in quick succession, while his eyes often glittered with humour beneath his bushy eyebrows when he was in his element. Above his high

forehead his grey hair usually straggled obstinately in all directions, when it was not concealed by the old fur cap that he liked to wear in the winter. In his old age he preferred a black beret in the summer. (He often wore a hat in his younger days.)

Indeed, the doctor was an unusually forceful personality, whose facial expressions changed constantly around his confident, strategic look. His cultural commitment soon made him a versatile man with many strings to his bow. The "Doctor of Lapland" became a household name in countries far beyond the borders of Sweden ...

Einar Wallquist was well read and possessed great knowledge in a variety of subjects. His broad sphere of activity and unbelievable diligence are well documented. Wherever he made an appearance he immediately became the centre of attraction in the auditorium – controversial, but respected for his principled stance. There is much evidence of the Doctor's lively intellect and good powers of observation. He was never at a loss for an answer. When on one occasion someone in a party of tall people ventured to ask him what it felt like being so small, he replied with witty brilliance, "Like a shilling among pennies." Personally I knew Einar quite well – far too well in the opinion of the old Doctor himself sometimes, when he had heard mountain people commenting on the fact that I was asking him questions about his life and his way of living.

"Let me at least crawl down into my grave first," said Einar, when one morning I revealed my plan to write a book on his life. And the Doctor informed me more than once that he had

rebuked me in his diary when something had not turned out as he had imagined. This "diary" is now locked up – together with a number of other documents – in a chest at the Silver Museum, and, according to Wallquist's directives, must not be opened until 50 years after his death.

"It was not really a diary that my father wrote, but rather a small notebook where he sometimes made small entries," says his adopted son, Alrik Wallquist (b. in 1921) of Arjeplog. The Doctor often emphasised during conversations that these "pieces of paper" were only to be perused by serious researchers.

Most of the people who became more closely acquainted with Einar Wallquist probably realised quite soon that he was a resolute and strong-willed personality. He was not always easy to deal with if you asserted an opinion of your own. Wherever he appeared, the Doctor commanded respect, to say the least – which more people than the author of these lines was able to experience over the years. Einar Wallquist remained unmarried throughout his life and in his last years was a very solitary person, which the vicar in Arjeplog at that time, Axel Andersson (b. in 1925) often called the present author's attention to.

There were not many inhabitants of Arjeplog who could honestly say that they really knew the Doctor privately. Not even the "girls" at the Museum came to know Wallquist very intimately. Their respect and admiration for the "Doctor" were far too great. Or as his son Alrik put it, "We children were brought up by father to listen – not to challenge things or pose questions."

Well, a great deal remains to be told with regard to Einar Wallquist's life and way of living. Even if he was not the first doctor in Arjeplog, he became the most renowned of all time, something of a national celebrity who did not need to hide his light under a bushel.

Opinions differed about the work of the "Doctor of Lapland" among his medical colleagues. Professor Sixten Haraldson, MD (b. in 1911) of Träslövsläge, tells of his encounters with this self-willed cultural celebrity:

"We admired Dr Wallquist above all as an artist, but perceived him as being rather self-absorbed and uninterested, for example in colleagues with similar experience of working in Lapland.

"At the beginning of the 1950s I visited Wallquist (at his home for coffee) together with a high-ranking officer in the armed forces. Wallquist did not want to hear a word about my district in Lapland (1945-1961), held a monologue for 20 minutes, rose to his feet and indicated that the visit was at an end.

"In the September of 1985 I visited the Silver Museum together with two colleagues from the U.S.A. This interested Wallquist a great deal and he demonstrated objects for 30-40 minutes in English. He had never heard of my name. All the same, he was still one of the most colourful doctors that we have had in Sweden."

Well, so much for my friend Sixten Haraldson, who on page 56 in this book narrates about his years as a district medical officer in our northernmost mountain region in Lapland.

Einar Wallquist fördrog vinterkylan och höstvinterns milda ljus framför sommarens ljusa nätter. Mörkertidens mjuka behagliga skymning med sina pastellfärger och pärlemoskimmer i blekt rosa och blått, tilltalade hans skönhetslängtan.

Einar Wallquist preferred the cold of winter and the soft light of late autumn to the bright nights of summer. The soft and pleasant twilight of the dark season, with its pastel colours and mother-of-pearl shimmer with pale pink and blue, appealed to his yearning for beauty.

Bilden till vänster: Från Laisviksberget (704 m) mot Pieljekaise (1137 m). Nov 1980.

Photo to the left: From Laisviksberget (704 m.) towards Pieljekaise (1,137 m.). Nov. 1980.

Bilden till höger: Längs Hornavan upp till byn Laisvik gjorde Einar Wallquist sin första sjukresa i Arjeplogsfjällen med häst och släde. Från toppen av Laisviksberget mot Hornavan. Nov 1980.

Photo to the right: Along Lake Hornavan up to the village of Laisvik was where Einar Wallquist first travelled by horse and sleigh to make sick-calls in the Arjeplog mountains. From the top of Laisviksberget towards Hornavan. Nov. 1980.

Höst vid Sraggavaratj i
Arjeplogsfjällen.
Sept 1987.

Autumn at Sraggavaratj in
the Arjeplog mountains.
Sept. 1987.

"Har man sen barnsben
haft behov av att följa års-
tidernas växlingar och lju-
sets skiftningar är det av
vikt att få leva och verka i
en vacker landsända."
Under hösten bjöd mar-
kerna i Lappland på all
den färgprakt och storsla-
gen natur som konstnären
Einar Wallquist kunde
önska sig.

"If one since childhood
has felt a need to follow
the changes of the sea-
sons and the variation of
the light, it is of importan-
ce to live and work in a
beautiful part of the
country." During the
autumn the countryside of
Lapland offered all the rich
colours and magnificent
natural scenery that the
artist Einar Wallquist could
wish for.

51

Professor Sixten Haraldson

(f 1911) Träslövsläge, var verksam som läkare i norra Lappland 1945-61, huvudsakligen i Jukkasjärvi distrikt och med kortare perioder i Gällivare och Jokkmokk. Därefter följde en mångårig verksamhet i alla världsdelar som WHO´s expert på minoriteter och nomadfolk. Sixten Haraldson är en framstående fotograf och föreläsare. Han har besökt närmare hundra länder och är en av våra främsta kännare av extrema glesbygder i globalt perspektiv.

Professor Sixten Haraldson

(b. in 1911) Träslövsläge, worked as a doctor in northern Lapland from 1945-61, mainly in the Jukkasjärvi district, with shorter periods in Gällivare and Jokkmokk. Afterwards followed many years working in all parts of the world as WHO´s expert on minorities and nomadic peoples. Sixten Haraldson is a prominent photographer and lecturer. He has visited nearly a hundred countries and is one of our foremost experts on extremely sparsely populated areas in a global perspective.

Sunnerbo härad i Snapphanehörnet av Småland var mitt barndomsland och min första vildmark. Då jag fyllt tolv år sändes jag till Lund för läroverksstudier, tog studenten och läste medicin. Ett stänk av "nomad-blod" yttrade sig i årliga långfärder på cykel eller till fots i stora delar av norra Europa. Årliga deltagande i Skolungdomens Fjällfärder bekantde mej med lappmarker i Jämtland och Härjedalen och erbjöd de första kontrakterna med samer - ett äldre par Tomasson, som året runt bodde i torvkåta. Resorna i norr gav mersmak oc en långsamt tilltagande "omvänd lappsjuka", som aldrig gått över.

Under 5-6 år fick jag klinisk vidareutbildning, framför allt i kirurgi och ortopedi. Mitt speciella intresse för sportskador gav mig årligen fria resor som "skidläkare" men succesivt blev det klart att jag inte ville bli "inomhusläkare", utan ville arbeta i distrikt, långt norrut eller globalt. Jag vikarierade som läkare ett tiotal gånger, bland annat i Jokkmokk och Gällivare, och slutligen blev jag fast som provinsial-läkare i Jukkasjärvi distrikt, stationerad i Kiruna. Det kom att bli omkring femton år, femton härliga år (1946-1961).

Distriktet blev den första "extrema glesbygd", som jag fick uppleva. Fem tusen kvadrat-kilometer med 5000 invånare, mest samer - en del bofasta, men flertalet renskötande nomader eller semi-nomader. Den öppna sjukvården bestod av besök av patienter på mottagningen i Kiruna - och ofta kaffe i doktorsfamiljens kök. Hos bofasta blev det hembesök som gav värdefulla personliga kontakter och information om levnadsförhållanden. Sittande på sängkanten och "hålla handen" ger troligen halva effekten i sjukvården. Ett slags empati som tyvärr blivit allt mera sällsynt i modern sjukvård.

Dåvarnade medicinalstyrelse föreskrev att i glesbyggdsdistrikt som mitt skulle alla väglösa byar besökas av provinsial-läkaren minst en gång om året. Jag hade omkring 25 sådana bosättningar och förmånen att tillsammans med min maka och distriktssköterskan göra en veckolång tjänsteresa till hälften av byarna till fots i september då lapplandsnaturen slår om till de praktfullaste röda färger. En same från trakten följer med som bärare. Resten av byarna besöktes under en veckolång skidfärd omkring första april, då sol, snö och skidföre är som bäst. En same med ren och ackja transporterar vårt bagage och visar vägen. Vi uppskattade dessa fjällfärder mycket och detsamma gjorde våra vänner, samerna.

Vi sov i samernas torv- eller tältkåtor under en egen "rakkas" (innertält), deltog i deras måltider med huvudingredienser renkött i alla former, glödkakor och mustigt "barnmorskekaffe", kaffeost och ofta hjortron. Glödkakor ("hilla kahko") som jag sett bakas på samma sätt hos tre asiatiska nomadstammar.

Konsultationerna gällde redan kända patienters sjukdomar, misstänkta symptom, blodtrycksmätningar etc. Tandvärk var en vanlig åkomma och mina två tandtänger kom till flitig användning - utan bedövning.

- Resorna gav oss en god inblick i den samiska kulturen och vi lärde oss också ett par hundra ord av deras språk. Deras levnadsstandard har ofta betraktats som låg, men deras livskvalitet är hög, lyckliga "människor utan maskiner". En särpräglad, tusenårig nomadkultur. Man är måttligt imponerad av "svenskarnas" uppskruvade västerländska standard, där många inte verkar lyckliga trots TV, Volvo och datorer

Gemenskapen i familj, "sita" och renskötarbyar ger trygghet och säkerhet i tillvaron. Samerna är humoristiska och skämtsamheten gynnas av att många samer förutom renskötarspråket samiska ofta kan tala litet svenska och finska. -För min hustru Maj-Britt och mig var dessa expeditioner rena önskeresor.

Mitt vidsträckta revir hade stora områden med små bosättningar som under s k "förfallstider" vår och höst, då isarna varken bar eller brast inte ens kunde nås till fots. En distriktssköterska stationerades då några veckor i egen torvkåta i Vuoskojärvi norr om "Träsket" och strax intill norska gränsen. Det var Syrena, kallad "lappmarkens ängel", tre-språkig och med stor medicinsk erfarenhet - kunnigare än flera av de läkarvikarier som jag anlitade under mina semestrar.

En "en-trådig"telefonledning nådde hennes kåta. Vi hade daglig kontakt och diskuterade sjukdomsfall och behandlingar. Mot gällande bestämmelser gav jag Syrena rätt att använda antibiotika. Hennes insatser dyrkades av samerna - hon blev legendarisk.

Transport av sjuka exv. till lasarett i Kiruna eller Gällivare kunde vara dramatiska och började ofta med att patienten bars kilometervis genom oländig terräng på en hemma-gjord bår - i bästa fall till en helikopter.

Vi blev mycket och personligt fästade vid många, många av våra distritsinvånare. Vi blev vänner för livet - och några samer har gjort den långa resan och gästat oss på Västkusten där vårt lilla "ålderdomshem" Måsagården 75 m², är beläget. Vi hade planerat att stanna hela återstoden av våra aktiva liv uppe i Lappland, på gränsen mellan två kulturer, den västerländska maskin-kulturen och den flertusenåriga samiska nomadkulturen.

MEN - artiklar kring min verksamhet hade publicerats, och snappats upp av WHO i Genéve. En av deras läkare, känd engelsk läkare med globalt arbetsfält kom och tog del av den i hans tycke exotiska utformningen av sjukvården som framtvingats av den extrema glesbygden. På fötter, som var mera vana vid inomhusanvändning följde han oss på en veckolång tjänsteresa till fots - ofta senare har han deklarerat att det var hans livs största upplevelse, vildmarken och samerna.

Besöket slutade med att WHO uttalade en önskan om att jag skulle i deras regi studera extrema glsbygds-populationer i alla världsdelar, och framför allt nomader. Jag blev WHO´s nomad expert.

Dessförinnan hade familjen flyttat till London för ett drygt år, där jag under ett läsår studerade vid London Sch. of Hyg. & Trop Med., speciellt inriktad mot utvecklingsländernas hälso- och sjukvård, antropologi och familjeplanering, globala problem. Början på cirka 15 år av internationell, global verksamhet blev i världens största glesbygdsområde, Stilla Havet, med placering tre år på den lilla samoanska ön Upolu. Sedermera kom det alltmera att gälla nomadstammar i

Asien, Afrika och arktiska områden. Det gällde att samla fakta och presentera förslag till förbättringar inom hälso- och sjukvården. - Våra barns skolgång kom att fördela sig på Kiruna, London, Samoa och slutligen Lundsberg.

Det visade sig snart att mina minoriteter oftast hade egna "barfota-läkare eller "nåjder" som man hade stort förtroende för. Man belastade obetydligt sitt lands BNP och kom sällan med krav.

I WHO´s regi och i en del fall helt privat, kom jag studera fr. a. nomader i omkring 95 länder, resulterande i feta rapporter, som så småningom kom att bilda underlag för stort internationellt WHO-symposium i Iran - och underlag för min egen doktorsavhandling.

För allt detta framstod läro-åren i Lappland som ofantligt värdefulla - en skola där man fick umgås med en främmande ras, ett främmande språk, en tusenårig kultur som utvecklats kring nomadiserande renskötsel.

Samerna visade oss sin uppskattning och vänskap genom att bygga en traditionell, vinterbonad torvkåta i bågstångskonstruktion och skänka oss den. Läget är strategtiskt valt: nära till en av de långa sjöarna och en plats där renarna ofta rastar under sina vandringar vår

och höst mellan fjäll och skog. Genom fönstret ser vi Kebnekaises topp. En "njalla" och utomhustoan "Illalukta" hör till lägret.

Våra globala intressen och vår rörliga livsföring har - som det ser ut - gått i arv. Två söner Thomas och Björn har gjort djärva kajak-expeditioner i arktiska vatten: Alaska, Yukon (Can.), Grönland, Spetsbergens nordkust (nära 80N breddgr.), Lofoten etc, i egenhändigt tillverkade kajaker. - Redan har ett barnbarn smittats. Han delar sin tid som läkare mellan Tanzania och Gällivare (där jag själv var underläkare 1946). Vid 30 års ålder har Anders och hans fru Eva (också läkare) haft en rad kortare uppdrag i utvecklingsländer som Kenya, Tanzania, Malawi. I Kina en längre vistelse med kurs i traditionell kinesisk medicin och rundresor för att se tillämpningen av metoderna. Jag känner ansvar för 1/4 av Anders gener och för den globala inriktning som läkarparet visat.

De älskar "sitt" Lappland, och till musik av en kvinnlig samisk jojkare vigdes de på toppen av Nuolja. Ettåriga Gry är redan med på fjällfärderna - på pappas rygg eller mage eller i pulka.

Anni Nutti "Nikko-Anni" från Vuosko. Foto: Sixten Haraldson.

Nåjden Mikkel Kemi i Vuosko var blind.
Shaman Mikkel Kemi in Vuosko was blind.

Distriktsköterskan Syrene hos familjen Simma.
District nurse Syrene at the home of the Simma family

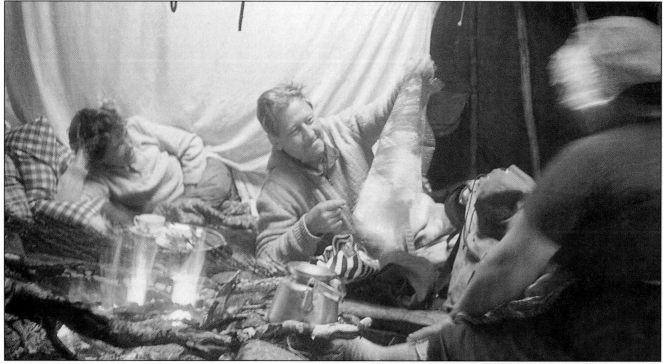

Morgonkaffe serveras under "rahkas". /Morning coffee being served under the inner tent of a Sami tent.

Under resor och sjukbesök i Lappland fotograferade Sixten Haraldson flitigt. Framför allt var det människor i deras naturliga hemmiljö som fångade hans uppmärksamhet men även växter och djur i landskapet väckte hans stora intresse. Fotograferandet kom aldrig att överskugga hans verksamhet som läkare utan blev ett naturligt inslag i familjens umgänge med nomader och bofasta i området. Paret Haraldson övernattade ofta i samernas kåtor, åt deras mat och blev accepterade av lokalbefolkningen – kameran fick användas fritt under dessa visiter. Sixten Haraldson kom med åren att bli förtrogen med ursprungsbefolkningen i Lappland och en av våra främsta kännare av nomadfolk världen över. Hans bildmaterial är unikt - ett tidsdokument från norra Sverige.

When travelling and paying sick-calls in Lapland, Sixten Haraldson was a diligent photographer. It was above all the people in their natural home environment who captured his attention, but plants and animals in the landscape also greatly aroused his interest. His photography never came to overshadow his work as a doctor, but became a natural feature of the family's dealings with the nomads and the residents of the area. Dr and Mrs Haraldson often stayed overnight in the tents of the Sami, ate their food and were accepted by the local population. During these visits Sixten Haraldson was able to use his camera freely. As the years went by, he became acquainted with the indigenous population of Lapland and became one of our foremost experts on nomadic peoples all over the world. His photographic material is unique – a documentation of the times in northern Sweden.

Övre bilden till höger: Sixten Haraldson under samtal med Mangi (Tjänsteresa 1957)
Upper photo on the right: Sixten Haraldson conversing with Mangi (on a journey performing sick-calls in 1957).

Bilden i mitten: Hos familjen Idivuoma i Tjuesa.
Middle photo: At the home of the Idivuoma family in Tjuesa.

Nedre bilden till höger: Blodtrycksmätning i Tjuesa.
Lower photo on the right: Measuring blood pressure at Tjuesa.

Samtliga foton på uppslaget: Sixten Haraldson.
All photos on this double-page spread: Sixten Haraldson.

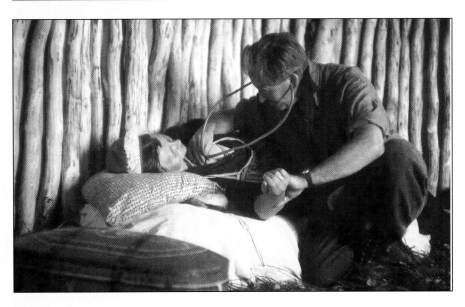

The administrative county district of Sunnerbo in the "snapphane[1]" corner of the province of Småland was my childhood territory and my first wilderness. When I reached the age of twelve, I was sent to Lund for grammar school studies, which led to the academic upper secondary school certificate and university studies in medicine. A drop of "nomadic blood" in my veins manifested itself in long journeys, undertaken annually by bicycle or on foot in large parts of northern Europe. Through annual participation in "Schoolchildren's Mountain Tours", I acquainted myself with the Sami territory of the provinces of Jämtland and Härjedalen and was provided with my first contact with Sami people – an elderly couple called Mr and Mrs Tomasson, who lived in a Sami turf hut all the year round. My travels in the north whetted my appetite and resulted in a slowly increasing love of Lapland, which has never ceased.

For 5-6 years I pursued postgraduate studies in clinical medicine, particularly in surgery and orthopaedics. My special interest in sports injuries provided me each year with free journeys as a "skiing doctor" with the National Swedish Union of Students. My career tended towards surgery, but gradually it became clear that I did not want to become an "indoor doctor", but wanted to work as a district medical officer, far in the north or globally. I worked as a relief doctor about ten times, in Jokkmokk and Gällivare, among other places, and finally I obtained a permanent post as district medical officer in the district of Jukkasjärvi and was stationed in Kiruna. I was to stay there for around fifteen years, fifteen wonderful years (1946-1961).

The district was the first "extremely sparsely populated area" that I had the opportunity to experience. Five thousand square kilometres with five thousand inhabitants, mostly Sami. Some of them were residents, but most of them were reindeer-breeding nomads or semi-nomads. Primary medical care consisted of patients visiting the surgery in Kiruna – and often coffee in the kitchen of the doctor's family. The residents received house calls, which provided valuable personal contacts and

information on the living conditions. Sitting on the edge of the bed and holding the patient's hand probably constitute half of the cure in medical care. A kind of empathy that has unfortunately become increasingly rare in modern medical care.

The National Board of Health and Welfare of that day stipulated that in sparsely populated districts like mine, all villages situated in roadless country should be visited by a district medical officer at least once a year. I had about 25 such settlements and the privilege, together with my wife and the district nurse, of making a week-long official journey on foot to half of the villages in September, when nature in Lapland switches over to the most magnificent red colours. A Sami from the district accompanied us as a porter. The rest of the villages were visited during a week-long ski tour around 1st April, when the sun, snow and skiing conditions are at their best. A Sami with a reindeer and an "ackja[2]" transported our luggage and guided us. We appreciated these mountain tours a great deal, as did our friends, the Sami.

We slept in the Sami's turf huts or tents in our own "rakkas[3]", partook of their meals, whose main ingredients were reindeer meat in all its forms, bread baked on embers and rich "midwife coffee", with coffee-cheese and often cloudberries. I have seen bread being baked on embers in the same way in three Asian nomadic tribes. The medical consultations concerned the illnesses of patients whom I already knew, suspected symptoms, measurements of blood pressure, etc. Toothache was a common complaint and both my dental tongs were used frequently – without any anaesthetic. The journeys gave us good insight into Sami culture and we learned a couple of hundred words from their language. Their living standard has often been regarded as low, but their quality of life is high – these happy "people without machines". They live in a pure and beautiful environment in the wilderness, with unpolluted water everywhere. A thousand-year-old nomadic culture, with a character of its own. One is scarcely impressed by the screwed-up western

standard of the Swedes, many of whom do not seem to be happy in spite of their TVs, Volvos and computers.

The spirit of community in the family, the reindeer-herding team and villages leads to a feeling of security in life. The Sami are a humorous people and their jocularity benefits from the fact that, in addition to Sami, the language of the reindeer herdsmen, many Sami know how to speak a little Swedish and Finnish. For my wife Maj-Britt and me these expeditions were pure dream journeys.

My vast territory included large areas with small settlements which could not even be reached by foot during the periods in the spring and autumn when the ice was neither strong enough to bear nor ready to melt. Then a district nurse was stationed for a few weeks in her own Sami turf hut at Vuoskojärvi, north of the lake Torneträsk and very close to the Norwegian border. Her name was Syrena and she was called the "angel of Lapland". She was trilingual, possessed great medical experience and was more competent than several of the relief doctors whom I engaged to work during my holidays. A "single-wire" telephone connection reached her turf hut. We had daily contact with each other and discussed cases and treatments. Against the regulations in force, I gave Syrena the right to use antibiotics. Her work was worshipped by the Sami and she became legendary.

Transportation of the sick to the hospital in Kiruna or Gällivare, for example, could be dramatic, and often started with the patient being carried for kilometres across rugged terrain on a home-made stretcher – at best to a helicopter. We became very fond of very many of the individual inhabitants of our district. We became friends for life, and some of the Sami have made the long journey to visit us on the West Coast, where our small "old-people's home" Måsagården (75 m^2) is situated.

We had planned to stay during the remainder of our active life up in Lapland, on the border between two cultures, the "machine culture" of the west and the nomadic culture of the Sami, several thousand years old. However, articles on my activities had

[1]Guerillas who fought on the Danish side in the Swdish -Danish wrs of 1643-79.
[2]Laplanders sleigh   [3]Inner tent

been published and had come to the attention of WHO in Geneva. One of their doctors, a renowned English doctor whose sphere of work was global, came to study what he considered to be exotic methods of medical care necessitated by conditions in an extremely sparsely populated area. Although more used to indoor walking, he accompanied us on a week-long official journey on foot. Afterwards he has often declared that this was the greatest experience of his life – the wilderness and the Sami.

As a result of the visit, WHO expressed the desire that I should under their auspices study populations in extremely sparsely populated areas in all parts of the world, particularly nomads. I became WHO's expert on nomads.

Before that assignment our family moved to London for just over a year, where I spent an academic year studying at the London School of Hygiene and Tropical Medicine, specialising in the public health and medical care of developing countries, anthropology and family planning, and global problems. I began about 15 years of international and global activities in the largest sparsely populated area in the world, the Pacific Ocean, being stationed three years on the small Samoan island of Upolu. Afterwards my assignments concerned to an increasing extent nomadic tribes in Asia, Africa and Arctic areas. My work involved gathering facts and presenting proposals for improvements in public health and medical care. As it turned out, our children's schooling was distributed between Kiruna, London, Samoa and finally Lundsberg.

It soon became apparent that my minorities most often had their own "barefoot doctors" or shamans, whom they had great confidence in. These minorities were an insignificant burden on their country's GNP and seldom made demands.

Under the auspices of WHO, and in some cases completely privately, I came to study nomads in around 95 countries, resulting in thick reports which eventually came to form the basis of a big international WHO symposium in Iran, as well as the basis of my own doctoral thesis.

My years of "apprenticeship" in Lapland stood out as extremely valu-able for all this – a school where one had the opportunity to live together with a foreign race, a foreign language, a thousand-year-old culture that has developed around nomadic reindeer herding.

The Sami have shown us their appreciation and friendship by building a traditional turf hut of the "arched bar" design and fit for winter habitation, and presenting us with it. The position has been strategically chosen: close to one of the long lakes and a place where the reindeer often rest during their migrations in the spring and autumn between the mountains and the forest. Through the window we see the summit of Kebnekaise. A "njalla " and an outdoor privy also belong to the camp.

Our global interests and our mobile way of life have – as it would appear – been passed on to coming generations. Two sons, Thomas and Björn, have completed daring kayak expeditions in Arctic waters: Alaska, the Yukon, Greenland, the northern coast of Spitsbergen (near the 80th parallel), Lofoten, etc., in kayaks built by themselves. One of our grandchildren has already caught the infection. He shares his time as a doctor between Tanzania and Gällivare (where I myself was an assistant physician in 1946). At the age of 30 Anders and his wife (also a doctor) have had a number of shorter assignments in developing countries such as Kenya, Tanzania, and Malawi. In China they spent a longer time following a course in traditional Chinese medicine and touring around to see the application of the methods. I feel responsible for 1/4 of Anders' genes and for the global orientation displayed by the doctor couple.

They love "their" Lapland, and were married on the summit of Nuolja to the music of a Sami woman singing a "yoik[4]". One-year-old Gry is already accompanying them on mountain tours – on her father's back or chest, or in a pulka[5].

Sixten Haraldson gör morgontoalett i tältkåtan.
Sixten Haraldson having a morning wash in a Sami tent.

[4]Traditional improvised Sami chant
[5]A Lapland travelling sledge

57

Laponia - en bildsvit
Lapponia – a pictorial suite

Saitaris (1908 m) från Pårtetjåkkås (2005 m) nordvästkam. Juli 1984.
Saitaris (1,908 m) from the northwestern ridge of Pårtetjåkkå (2005 m). July 1984.

Sjaunja, Muddus, Stubba, Sarek, Tjuolta, Sulitelma, Padjelanta... smaka på orden och känn doften av vildmark, orörd natur och genuint samiskt kulturland och du har ingredienserna till Sveriges största skyddade och sammanhängande naturområde - Laponia 9 400 kvadratkilometer. För den som närmare vill lära känna norra Skandinaviens natur och kultur bär vägen förr eller senare till dessa sägenomsusade naturområden - Lapplands världsarv från december 1996!

Ja, det finns fortfarande ursprunglig och opåverkad natur i Sverige som får varje vandrare att lystra, namn på fjällkartan som doftar och skimrar mer än andra platser. Fjälltrakter och samiskt land som lyser intensivare och mer lockande än allt annat vårt land kan uppvisa - Laponia är ett sådant område!

Att längta till fjällen, att över kartan på bordet hemma låta sig hänföras av främmande och svåruttalade namn, är att bejaka sin längtan. Denna gåtfulla och inneboende kraft, denna besynnerliga makt som är incitament till varje resa, en drivkraft som kan lyfta en drömmare från vardagens invanda rutiner till vildmarker och fjällområden fjärran hemifrån.

Laponia som världsarvsområde rymmer alla drömmar en vandrare kan bära. Bara namnet är laddat med historiska associationer - en förväntan om den stora natur- och kulturupplevelsen - drömmen om den oförglömliga vildmarksupplevelsen. Resan bortom vardagslivets välkända konturer är en färd genom orörda fjällområden, bestigningar av minnesvärda fjälltoppar eller möten med något av de fyra stora rovdjuren: björn, varg, järv eller lo.

Laponia som natur- och kulturområde attraherar både nybörjare och vana fjällrävar. Lapplands världsarv med angränsande områden har alltifrån slutet av 1800-talet varit en tummelplats för friluftsentusiaster och erfaret fjällfolk. I synnerhet vintertid har dessa öde vidder bjudit på mycket av den ensamhet och dramatik som många av oss naturvänner vill slå vakt om. Och när jag söker efter ord från mitt första intryck av detta gigantiska vildmarksområde är det främst de snöhöljda fjälltoppar i fjärran som stiger fram ur minnet. Den första överblicken - landskapsvyn från toppen av fjället Lulep Kierkau 1059 m - har ännu efter åtskilliga årtionden etsat sig kvar i minnet och blivit en vision och längtan, en upplevelse så svår att beskriva - en känsla av upprymdhet och vördnad inför naturens storhet och tystnad.

Det är svårt att klassificera skönhetsupplevelser - än värre i en skala gradera vyer från olika fjälltoppar i Lappland. Professor Axel Hamberg (1863-1933) klassade utsikten från Favoritplatån 1806 m i Äparmassivet som den vackraste i Sarek. Författaren Sten Selander (1891-1957) trodde inget kunde mäta sig med panoramat från Jeknaffo 1836 m i Padjelanta. Själv ansåg jag länge att Kebnekaise bjöd på det mest storslagna sceneriet i Sverige.

Efter många års fjällturer, där varje dag bjudit på nya och spännande naturupplevelser, är jag inte längre lika säker. Ur minnet stiger en mängd skiftande landskapsvyer fram: Kvällsjuset över Pårtemassivet från Luottolako en oktoberkväll, midnattssolen från Kallaktjåkko en sommarnatt i juli, gryningsljuset över Sulitelmas glaciärer en tidig augustimorgon och Sajunjalandets myrmarker i höstfärger från lågfjället Pellåive.

Ja, listan över spektakulära utsiktsplatser i dessa guldkantade naturområden kan göras lång. Under mina första år i fjällen jagade jag min egen skugga över fjälltopparna i jakt efter vidunderliga vyer. Efter år av fotograferande har bilderna staplats på hög - personliga foton för det egna albumet från många trevliga och ibland strapatsfyllda färder - bilder som i dag känns innehållslösa och intetsägande i historiskt ljus. Av den anledningen kommer jag inte att tveka om någon frågar om mina bästa och mest bestående intryck från alla dessa färder. Mötet med fjällbygdens människor - samer och nybyggarättlingar bosatta i och runt Lappland - har berikat naturupplevelsen och gett den storslagna vildmarken ett mänskligt anslag. Många är timmarna jag tillbringat i sällskap med dessa ödemarksprofiler och livsfilosofer - stunder som jag i dag inte vill vara utan...

Sjaunja, Muddus, Stubba, Sarek, Tjuolta, Sulitelma, Padjelanta ... Let yourself feel the taste of these words and grasp the scent of wilderness, unspoiled countryside, and genuine Sami culture, and you have the special characteristics of Lapponia - the largest protected area of natural beauty in Sweden, stretching continuously over 9,400 square kilometres. Those who wish to become more closely acquainted with nature and culture in northern Scandinavia are attracted sooner or later to the scenic beauty of Lapponia - this area pervaded by legend and in December 1996 placed on UNESCO's World Heritage List.

Yes, Sweden still possesses primeval, virgin regions of exceptional natural beauty that captivate the imagination of the rambler. There are names on the mountain maps that inspire associations with fragrances and magic light - more so than any other place names in Sweden. There are mountain districts and Sami country that glisten more intensely and attractively than any other parts of Sweden. Lapponia is one such area of exceptional beauty.

Suddenly the yearning to head for the mountains seizes us. We spread out the mountain map on the table at home and allow ourselves to be enraptured by a vision inspired by exotic names that are difficult to pronounce. And our yearning grows stronger. This mysterious and inherent power – this extraordinary force which is the stimulus of every journey and inspires the dreamer to break his habitual everyday routine and seek wildernesses and mountain areas far from home.

As a World Heritage Site, Lapponia can enable the rambler to realise all the dreams he may possess. The name alone is charged with historical associations instilling in us an expectation of the ultimate experience of culture and nature, a dream of the unforgettable experience of wilderness. The journey beyond the familiar contours of everyday life consists of trips through unspoiled mountain areas, climbs to unforgettable mountain peaks, or encounters with one of the four great predators: the bear, wolf, wolverine or lynx.

Lapponia as an area of exceptional natural beauty and cultural tradition attracts both the experienced and inexperienced mountain rambler. Since the end of the 19th century this world heritage site has been an El Dorado for both the ordinary lover of open-air life and the experienced mountain hiker or skier. In the wintertime in particular these desolate wide open spaces can offer the solitude and dramatic landscape that many of us nature lovers would wish to see preserved. And when I seek the words to depict my first impressions of this gigantic area of wilderness, it is the snow-capped mountain peaks in the distance that first surface from my memory. The first panorama that I experienced - the view of the surrounding landscape from the peak of Mount Lulep Kierkau (1,059 m.) - is still, several decades later, engraved in my memory, and has become a vision and a yearning, an experience that defies description, and a feeling of exhilaration and reverence before the greatness and the silence of nature.

It is difficult to classify aesthetic experiences - and even more so to invent a scale to grade views from different mountain peaks in Lapland. Professor Axel Hamberg (1863-1933) rated the view from Favoritplatån (1,806 m.) in the Äpar Massif as the most beautiful in Sarek National Park. In the opinion of the author Sten Selander (1891-1957), nothing could compare with the panorama from Jeknaffo (1,836 m.) in Padjelanta National Park. It was for a long time my own personal opinion that Mount Tjakkeli (1,214 m.) in lower Rapadalen offered the most   magnificent scenery in the whole of Sweden.

After many years of touring in the mountains I am not so sure any longer. One can compile a long list of spectacular scenic views in these areas of unique natural beauty. During my first years of wandering in the mountains, I hunted my own shadow across the mountain tops in quest of marvellous views. Over the years I have shot many rolls of film and managed to collect a huge pile of photographs - personal photos for my own album from many enjoyable and sometimes adventurous trips - photos which today feel empty and meaningless with the passing of time. For this reason I would not hesitate if anyone were to ask me which were my best and most lasting impressions from all these trips. My encounters with the people who inhabit these mountain districts - both Sami and settlers living in and around the Lapland area - have enriched my experience of nature and bestowed on this magnificent wilderness the human touch. Many are the hours that I have spent in the company of these special characters of the wilderness and practical philosophers ...

Första gången tanken väcktes till bildandet av ett stort skyddat sammanhängande naturreservat av Laponiaområdet, var under den stora debatten "Vår sista stora vildmark" på Handelshögskolan i Stockholm den 2 maj 1946, när författaren Sten Selander (1891-1957) skissade upp sin grandiosa plan att skapa "ett vildmarksreservat så storslaget, att det fullkomligt skulle sakna motstycke i vår världsdel..." Nu har detta reservat - 56 år efter den ursprungliga idén - sett dagens ljus med några smärre gränsförändringar. Nedre kartan visar det stora central-lappländska skyddsområdet enligt Sten Selanders förslag 1946.

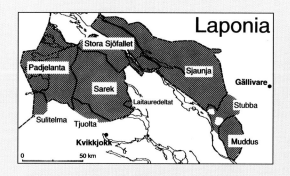

The idea of forming one great, connected nature reserve out of the Lapponia area was first brought up at the big debate entitled "Our Last Great Wilderness" and held at the Stockholm School of Economics in 1946, when the author Sten Selander (1891-1957) outlined his grandiose plan of creating "a wilderness reserve, so magnificent that it would be completely unique in our part of the world"... And now, 56 years after the original idea, this nature reserve has seen the light of day, with a few small changes of the boundaries. The lower map shows the large area in central Lapland that was to be protected according to Sten Selander's proposal from 1946.

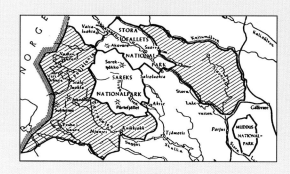

Bilden till vänster:
Teusadalen från
Kallaktjåkkå (1810 m).
Juli 1973.

Photo on the left:
Teusadalen from
Mount Kallaktjåkkå
(1,810 m). July 1973.

Bilden till höger:
Fjällfotografen och för-
fattaren Tore
Abrahamsson (f 1928)
Stockholm, på väg upp
mot toppen av
Kallaktjåkkå (1810 m).
Juli 1973.

Photo on the right:
Mountain photograp-
her and author Tore
Abrahamsson (b. in
1928) of Stockholm,
on his way up to the
top of Kallaktjåkkå
(1,810 m.). July 1973.

Tore Abrahamssons
storslagna epos över
"Kebnekaise" från 1968
står ännu 33 år efter
utgivningen oöverträf-
fad i svensk fjälllittera-
tur - intellektuellt så
väl som skönlitterärt.
Tore Abrahamsson är
landets genom tiderna
främste fjällskildrare.

Tore Abrahamsson's
magnificent epic on
"Kebnekaise" from
1968 remains unsur-
passed, 33 years after
its original publication,
as an example of
Swedish mountain lite-
rature – both intellectu-
ally and as a literary
work.
Tore Abrahamsson is
the foremost depicter
of mountains of all time
in Sweden.

Christer Ågran (f 1944) Boden, på förtoppen till Stuolotjåkkå (1780 m). Aug 1972.

Christer Ågran (b. in 1944) of Boden on the small summit of Stuolitjåkkå (1,780 m.) Aug. 1972.

Från Akkatjåkkå (1974 m) med Sadelbergets västtopp (1806 m) i förgrunden. Juli 1979. /From Akkatjåkkå (1,974 m.), with Sadelberget's Västtopp (Western Summit) (1,806 m.) in the foreground. July 1979.

Utsikten från Akkatjåkkå (1974 m) mot Piellorieppemassivet. Juli 1979. /View from Akkatjåkkå (1,974 m.) towards the Piellorieppe Massif. July 1979.

Bilden till vänster: Utsikten från ryggen mellan Kåtok-tjåkkås nordtopp (1928 m) och Kåtoktjåkkås sydtopp (1885 m) mot Rapaätnos utflöde i Laitaure. Aug 1972.

Photo on the left: The view from the ridge between the Northern Summit of Kåtok-tjåkkå (1,928 m.) and the Southern Summit of Kåtok-tjåkkå (1,885 m.) towards the outflow of Rapaätno into Laitaure. Aug. 1972.

Bilden till höger: Christer Ågran (f 1944) Boden, på "Kåtokjokotjkaskatjåkko" (1978 m). Aug 1972.

Photo on the right: Christer Ågran (b. in 1944) of Boden, on the top of "Kåtokjoko-tjkaskatjåkko" (1,978 m.).

Övre bilden: Piellorieppe-Ålkatj (1918 m) från väst-kammen till Kåtoktjåkkå (1928 m) Aug 1972.

Upper photo: Piellorieppe-Ålkatj (1,918 m) from the western ridge of Kåtok-tjåk-kå (1,928 m) Aug. 1972.

Bilden till vänster: Från den lättgångna kammen mellan "Kåtokjokotjkaska-tjåkko" (1978 m) och Kåtoktjåkkå (1928 m). Aug 1972.

Photo on the left: From the easily walked ridge be-tween "Kåtokjokotjkaska-tjåkko" (1,978 m.) and Kåtoktjåkkå (1,928 m.). Aug. 1972.

Övre bilden till vänster:
Nysnö över Hiltokaises branter ner mot Tarraure. Sept 1981.

Upper photo on the left:
Newly-fallen snow on the precipices of Hiltokaise down towards Tarraure. Sept. 1981.

Bilden till höger:
Höst i Tarradalen: ovanför leden från Kvikkjokk till Padjelanta höjer sig Staikas snöklädda topp (1794 m.). Sept 1971.

Photo to the right:
Autumn in Tarradalen: above the trail from Kvikkjokk to Padjelanta towers the snow-clad summit of Staika (1794 m.). Sept. 1971.

Nedre bilden till vänster:
Passeuksa – den "Heliga Dörren". Sept 1971.

Lower photo on the left:
Passeuksa – the "Holy Door". Sept. 1971.

Övre bilden till höger:
Hjortronblommans
blad i höstfärger.
Sept 1981.

Upper photo on the
right: The leaves of the
cloudberry flower in
their autumn colours.
Sept. 1981.

Bilden till höger:
Under hösten brinner
ripriset i röda fält över
fjällhedarna i
Lappland. Sept 2000.

Photo on the right: In
the autumn the alpine
bearberry is burning in
red fields across the
mountain heaths of
Lapland. Sept. 2000.

Nedre bilden till
höger: Rönnens blad
börjar skifta färg.
Sept 1981.
Lower photo on the
right: The leaves of the
rowan tree starting to
change colour.
Sept. 1981.

Bilden till vänster:
Höstfärger på fjäll-
sluttningen söder om
Suorvadammen.
Stora Sjöfallets "natio-
nalpark".
Sept 1969.

Photo on the left:
Autumn colours on
the mountain slope
south of the Suorva
Dam. Stora Sjöfallet
National Park.
Sept. 1969.

*Nu isas
sommarns vind
av frostens
hårda tag
mot höstens kalla
rågångsgrind
i molltonsröda
sommarblad.*

/ Tor Bergner (1913-1990)

Icy turns
the wind of summer
with the frost's
harsh treatment
of autumn's cold
boundary gate
in melancholy-red
summer leaves.

/Tor Bergner (1913-1990)

Författaren Göran Claréus
(f 1936) Luleå, vår främste känna-
re av laxfiske med fluga och tillika
en av de skickligaste fiskefotogra-
ferna. Utan att briljera med sin
stora fackkunskap, sin färdighet
som flugbindare och långa erfa-
renhet som flugfiskare, har Göran
Claréus skaffat sig ett välrenom-
merat namn i fiskesammanhang.
Han har "blött krokarna" i de fles-
ta klassiska vatten på Nord-kalot-
ten och är även en inbiten "fjäll-
räv".

The author Göran Claréus (b. in
1936) of Luleå is our foremost
expert in salmon fishing with the
fly-fishing rod, besides being one
of our most skilfulfishing pho-
tograpers. Without showing off
his great expert knowledge, his
skill as a fly-tier and his long expe-
rience of fly-fishing, Göran
Claréus has become a man of great
renown in fishing circles. He has
dipped his hook in most of the
classic fishing waters of the Arctic
regions of Fenno-Scandinavia and
the Kola Peninsula.

Tänk er att få glida fram på långa breda skogsskidor genom djup nysnö. Den bist-ra kylan nyper i kinderna, andedräkten far som en vit rök och rimfrosten lägger prydliga kristaller i skägget. Storskogen står där mörk och gåtfull med granar och tallar pudrade av tung nyfal-len snö. Långt där borta väntar det stora äventy-ret!

Ja, det går ju alltid att sitta hemma i stugvärmen och drömma. Verkligheten blir nog alltid något helt annat. Även jag har gjort mina turer ut till skogarna långt borta, fastän flera kilo lättare och kanske något spänstigare än idag.

I mina tankar går jag ofta tillbaka till en mödosam skidturer mellan Seitevare och Aktse. Denna sträcka är inte mer än c:a två mil, men aj, vilka slitsamma mil det skulle bli.

Vi var tre hurtfriska ynglingar från Luleå, som med bil startade mot Jokkmokk en kall januarimorgon. Förutom undertecknad som var helt oträ-nad och oskyldigt ovetande om de kom-mande dagarnas vedermödor, var det Kurt Kihlberg, en alltid vältränad slit-varg, alltid full av friska idéer. Slutligen hade vi så Hubert Karlsson, en kunnig fjällräv som dessutom vid tillfället var eli-torienterare. Alltså ett väl blandat gäng. Meningen var att vi vid framkomsten till Jokkmokk skulle ringa upp till Aktse och tinga skotertolkning av ville Läntha. Men därav blev intet. Något som jag mycket djupt beklagade. Det skulle bli för dyrt, var det nån som sa. Det var alltså tack vare ovannämda anledning som vi flera timmar senare startade med gott hopp vid Seitevare. Nu hade det redan börjat mörkna och det var förtvivlat kallt. Trots detta föll snön som stora lapphandskar. För alla eventualiteter hade jag lagt på flera lager av både kallvalla och tövalla på mina skogsskidor. Nu trodde jag mig vara garderad för vilket väder som helst. Men att kunna glida fram på skidorna var helt omöjligt. Snarare fick jag släpa fram de tunga skidorna genom den djupa snön. Nåja, jag hade ju ett bra fäste i alla fall. Vi hade inte mer än lämnat vägen där vi ställt bilen så försvann Hubert med stor fart i ett snömoln vid skogsbrynet. Honom skulle vi inte återse förrän många timmar senare uppe i Aktse. Så stretade Kurt och jag på och nu föll

mörkret över oss som ett tungt ok. Det eviga malandet i den djupa lösa snön gjorde att vi trots allt höll oss varma. Ändå var det minst tjugo minusgrader. Efter några timmar tog vi så en välbehöv-lig rast. Girigt grep jag i ytterfickan på ryggsäcken efter en stor apelsin. Grymt besviken upptäckte jag dock att den var stenhård och frusen till is. Man hade lätt kunnat klubba ner en fullvuxen oxe med densamma. En skvätt halvfrusen choklad slank ner och piggade upp betydligt. Mycket trötta och utpumpade nådde vi stranden av Laidaure. Här blev det ytter-ligare dags för en rast och jag lade mig helt sonika ner på sjöisen och slappade. Detta vågade absolut inte Kurt. Han menade mycket allvarligt att det kunde bli det sista vi gjorde här i livet. Så fortsat-te vår tunga färd. Snart började vi närma oss den övre ändan av den långsmala sjön. Nu gällde det att i det kolmörker som omgav oss, se det svaga ljuset från Aktsehemmanet. Annars kunde vi ju fara för långt och fortsätta rakt in i Sareks nationalpark, något som vi inte tänkt oss. Då och då tyckte vi oss se något ljussken som blinkade långt bort. Men när jag såg ett ljus kunde Kurt inte alls se det. Efter en stund såg Kurt tydligt ett sken som glim-made. Men jag såg inte ett barr. Sanningen var väl den att vi nu var helt slutkörda. Vi började helt enkelt se i syne!

Äntligen kunde vi urskilja Villes båt-länning och den översnöade vägen upp till stugan. Där blev vi väl mottagna av Ville Läntha, hans fru Ret och Hubert.

Rekordtidigt nästa morgon klev Kurt och Hubert upp. Vi hade tagit in i den gamla av de två STF-stugor som fanns i Aktse. Med stor munterhet förklarade Hubert att dagens program var en kort skidtur över sjön till fjället Tjakkeli. Men jag avstod gärna. Det var med stort besvär och värkande leder jag långsamt kröp ur sängen.

Nästa strapatsrika skidtur inträffade många år senare, under påsken. Nu var vi ett helt annat gäng glada gossar som skul-le färdas från Porjus till Muddus. Förutom jag själv var det tre piga ynglingar, Hans Andersson, Christer Ågran, och Gunnar Andersson. Vi skulle vistas ute i guds fria natur en hel vecka. Starten från Porjus blev väl inte vad vi hade tänkt oss direkt. Det var ganska varmt, ungefär nollgradigt i luften. Just innan starten, började tunga blöta snöflingor falla. Jag hade helt nyligen fått tag på den verkliga supervallan. Det var en gulfärgad valla som enligt experterna var avsedd för just ett sådant väder som nu rådde. Med stor noggrannhet lade jag på ett jämnt lager av denna valla på mina breda skogsskidor. Sedan var det dags att starta. Döm om min förvåning när jag upptäckte att glidet var helt obefintligt. Jag tog då mina tjocka Lovikka-vantar och försökte gnida bort det värsta av vallalagret. Detta hade bara till följd att jag nästan omgående fick slänga mina varma vantar. En otrolig smetig gegga hade fastnat överallt och den var helt omöjlig att få bort. Sedermera skulle vi döpa om denna valla till "den gula faran". Mina fina Lovikkavantar skulle aldrig mer bli vad de en gång varit.

Nu var vi klara att starta. men ingen av oss hade det minsta glid på sina skidor. Trots att det bara var jag som hade använt den gula vallan. I det knepiga väderomslag som nu rådde hade det helt enkelt frusit under skidorna. Hur vi än skrapade och donade så gick det helt enkelt inte att få tillstymmelse till glid. Eftersom vi startade vår färd på en översnöad skogsbilväg, så blev lösningen till slut att vi fick dra skidorna efter oss i ett snöre. Genom att lägga ryggsäckarna mitt över steget på de breda skogsskidorna och knyta fast en lina längst fram på brättena, vart det hela förvandlat till en kälke. Nu gick det bättre och på detta sätt fick vi bogsera det märkliga ekipaget långt in i urskogen. Här slog vi läger för natten. När vi väl fått till en riktig lägereld var min första åtgärd, att försiktigt bränna bort den gula geggiga smeten under mina skidor. Den beryktade gula burken lade jag sen längst ner i ryggsäcken. Snart låg vi alla och sussade skönt på mjuka bäddar av granris. Långt nerkrupna i de värmande dunsovsäckarna, snarkade vi snart högt och ljudligt. Under natten frös det på ordentligt. När vi startade färden nästa morgon hade vi ett utmärkt skarföre och inte det minsta problem med våra skidor.

Till påsken året därpå var det åter dags att göra en veckotur på skidor in i Muddus. Nu hade gänget utökats med

Gunnars fru Ann-Gerd. Till denna övning hade jag nu skaffat mig ett par lätta fjällskidor i plast. Nu skulle det sannerligen inte bli något problem med glidet. Jag vill i ärlighetens namn inte påstå att jag är någon världsmästare i att packa ryggsäck. Hur jag än valde och vrakade blev min packning en otrolig koloss att bära på ryggen. Som jag dessutom själv lagt på mig något extra kilo hull under vintern, var det med stadiga och bastanta steg jag långsamt och värdigt stakade ut i terrängen.

Denna vårvinter var snödjupet rent ofantligt och jag sjönk genast ner till midjan i den lösa snön. Det blev ett fasligt arbete att ta sig upp i skidspåret igen. De smala skidorna i kombination med min mastodont-ryggsäck och dessutom en något välväxt norrbottning, blev för mycket. Ganska direkt blev jag långt efter de övriga i truppen. Om jag nu ändå med detsamma hade insett det omöjliga och gett upp. Men nej! Tapper som jag var klampade jag på i den meterdjupa snön. För att överhuvud taget komma upp på spåret igen måste jag trampa till snön ordentligt tvärs över det smala skidspåret. Så gällde det att snabbt ta ett par kraftiga stavtag. Glidet var det inte något fel på. Men när farten avtog efter några meter sjönk jag åter ner till midjan i snön. Efter en bra stund

började märkliga tecken kunna avläsas på det djupa snötäcket. Ungefär var tionde meter uppstod en imponerande djup grop i snön. Kring kanterna syntes märkliga smala spår kors och tvärs. En forskare i egyptiska hieroglyfer eller kilskrift, skulle säkert ha mycket att hämta här. Efter åtskilliga timmars trägen kamp i snön kom jag in i ett tätt skogsparti. Här hade de övriga väntat in mig och här slog vi läger för natten. På kvällen låg jag länge och funderade med stor ångest hur resten av färden skulle gestalta sig. Vi hade bara kommit futtiga fyra kilometer från vägen där vi startade vår skidfärd. Vi skulle ju vara ute i obanad terräng en hel vecka och färdas flera mil i landskapet. Framför min inre syn kunde jag se tidningsrubrikerna: "Utmärglad skidåkare funnen död i Muddus intill en ofantligt stor ryggsäck". Trots dessa dystra tankar lyckades jag ändå somna.

Döm om min förvåning när jag vaknade nästa morgon och upptäckte att det slagit om till blidväder. Dagsmejan gjorde nu att det lösa snötäcket sjönk ihop något. Nu bar snön en fullviktare som mig! Det var med stor förtjusning jag genast lade mig först i spåret. Nu gick det undan med rappa härliga tag. Ja, är det inte förunderligt ändå vad en långtur på skidor kan vara omväxlande!

Laitaures deltaland från Nammatj 823 m. Febr 1969.
Laitaure's delta landscape from Nammatj (823 m.). Feb. 1969.

73

Övre bilden till vänster: Fjällgården Aktse under stupet av Skierfe-klippan (1179 m). Jan 1968.

Upper photo on the left: The mountain homestead Aktse beneath the precipice of Skierfe-klippan (1,179 m.). Jan. 1968.

Nedre bilden till vänster: Fjällgården Aktse är så förbannat vacker, säger Sigurd Läntha (1910-1996) och får tårar i ögonen. Jan 1968.

Lower photo on the left: "The mountain homestead Aktse is so damned beautiful," says Sigurd Läntha (1910-1996) and tears come into his eyes. Jan. 1968.

Bilden till höger: Fjällskog i vinterskrud med fjället Tjakkelis nordvägg i bakgrunden. Jan 1968.

Photo on the right: The mountain forest in its winter apparel, with the northern face of Mount Tjakkeli in the background. Jan. 1968.

Imagine being able to glide forward on long, broad forest skis, through deep newly fallen snow. The severe cold is nipping your cheeks, your breath is leaving you like white smoke, and the hoarfrost is placing decorative crystals in your beard. The great forest is standing there, dark and mysterious, with spruce and pine trees powdered with heavy newly fallen snow. Far away in the distance the great adventure awaits you!

Indeed, it is always possible to sit at home in the warmth of your house and dream. Certainly, reality always turns out to be something completely different. I too have made skiing tours to forests far away, although several years have passed since then, and I was several kilos lighter than now and somewhat more fit perhaps.

In my thoughts I often return to a strenuous skiing tour between Seitevare and Aktse. This stretch is not more than about twenty kilometres, but oh, what tough kilometres they were to be!

We were three hearty young men from Luleå who started to drive towards Jokkmokk one cold morning in January. Apart from yours truly, who was completely out of training and innocently unaware of the hardships of the coming days, there was the photographer and author Kurt Kihlberg (b. in 1943), who was a strong and energetic skier, always well trained and full of fresh ideas. Finally, we were accompanied by Hubert Karlsson (b. in 1927), who is an experienced man of the mountains and at the time was an élite orienteerer. Accordingly, we formed a well-mixed trio. Our intention had been, upon our arrival at Jokkmokk, to phone up to Aktse and book Ville Läntha's (1908-1995) snowmobile for ski-joring up to Aktse. However, nothing came of that – a fact that I very deeply regretted. Someone had pointed out that this would be too expensive, which was why, several hours later, we started out hopefully from Seitevare. By then night had already started to fall and it was desperately

cold. In spite of this, the falling snowflakes were as big and fluffy as Sami mittens. To be prepared for all contingencies, I had spread several layers of ski wax for both below-zero and thawing conditions on my forest skis. Now I thought that I had covered myself against any weather that might turn up. However, gliding forward on my skis was a complete impossibility. On the contrary, I had to drag my heavy skis along through the deep snow. Well, I had a good grip in the snow at any rate. We had scarcely left the road where

Wille Läntha (1908-1995) Aktse

we had parked the car when Hubert disappeared at great speed in a cloud of snow at the edge of the forest. We would not be seeing him again until many hours later up at Aktse.

So Kurt and I toiled away and now darkness was falling over us like a heavy yoke. Due to our perpetual struggle through the deep loose snow, we could in spite of everything keep ourselves warm. Nevertheless, it was

at least twenty degrees below zero. After a few hours we took a badly needed break. I grasped greedily in the outer pocket of my rucksack for a large orange. To my terrible disappointment, however, I discovered that it was as hard as rock and had frozen to ice. You could easily have clubbed a fully-grown ox down with the same. I swallowed a small piece of half-frozen chocolate, which cheered me up considerably. In a state of total exhaustion we reached the shore of Laidaure. Here it was time for another break and I simply lay down on the lake ice and relaxed. That was something that Kurt definitely did not dare to do. He was seriously afraid that that might be the last thing that we would do in our life. So we continued our strenuous journey. Soon we started to approach the upper end of the long and narrow lake. Now it was a question of seeing the weak light from the Aktse homestead in the pitch-darkness that surrounded us. Otherwise we might ski too far and continue straight into Sarek National Park, which we did not intend to do. Now and again we thought that we saw some light blinking far away in the distance. However, when I saw a light, Kurt could not see one at all. After a while Kurt saw clearly a light glimmering. And then I did not see a darned thing. The truth was probably that we were now completely worn out. We were quite simply beginning to hallucinate! At last we were able to distinguish the landing place for Ville's boat and the road, covered with snow, that led up to the cottage. There we were given a warm welcome by Ville Läntha, his wife Ret (b. in 1924) and Hubert. Extremely early the next morning, Kurt and Hubert rose from their beds. We were staying in the older of the two STF[1] cottages situated at Aktse. With great cheerfulness, Hubert explained that the programme that day consisted of a short skiing tour across the lake to Mount Tjakkeli. However, I preferred to decline this offer. It was with great difficulty and aching limbs that I slowly crept out of bed.

[1]*The Swedish Touring Club.*

The next adventurous skiing tour took place many years later, at Easter. We were now a completely different gang of cheerful fellows who were to travel from Porjus to Muddus. Apart from myself, there were three spirited young men, Hans Andersson (b. in 1944), Christer Ågran (b. in 1944), and Gunnar Andersson (b. in 1946). We were to spend a whole week in the open air. Our start from Porjus was not exactly what we had intended. It was quite warm, with an air temperature around zero. Just before the start, wet and heavy snowflakes started to fall. I had quite recently found the real "super ski wax". It was a yellow-coloured ski wax that, according to the experts, was meant precisely for the kind of weather that now prevailed. With great care I spread an even layer of this ski wax on my broad forest skis. Then it was time to start. Imagine my surprise when I discovered that the promised glide was completely non-existent. I then took my thick Lovikka mittens and tried to rub most of the layer of ski wax off my skis. The only result of this was that I almost immediately had to throw my warm mittens away. An incredibly sticky mess had got stuck everywhere and it was completely impossible to remove it. Afterwards we were to dub this ski wax "the yellow peril". My fine Lovikka mittens would never be restored to their former beauty.

Now we were ready to start. However, none of us had a pair of skis with the slightest glide, in spite of the fact that I was the only one who had used "the yellow peril". The present change in the weather was tricky and a layer of ice had quite simply developed under our skis. No matter how much we scraped and worked at our skis, it was quite simply impossible to obtain any glide at all. Since we had started our tour on a forest motor road covered with snow, our solution in the end was to pull the skis after us on a piece of cord. By laying the rucksacks right across the middle of the broad forest skis and tying a line around the edges of the front tips, we succeeded in making a sledge out of it all. Now the

going was easier and in this way we could tow this strange equipage far into the primeval forest. Here we made our camp for the night. When we had lit a proper campfire, my first measure was to carefully burn the yellow, messy and sticky mass off the bottom of my skis. I then placed the notorious yellow tin at the bottom of my rucksack. Soon we were all lying sleeping comfortably on soft beds of spruce twigs. Having nestled down deeply in the warming down sleeping-bags, we were soon snoring loudly and noisily. During the night the temperature dropped well below zero. When we started our journey the next morning, there was a frozen crust on the snow, providing excellent skiing conditions, and we did not have the slightest problem with our skis.

Next year at Easter it was once again time to make a week-long skiing tour in Muddus. Now our gang had increased with the inclusion of Gunnar's wife, Ann-Gerd (b. in 1945). For this exercise I had now acquired a pair of light mountain skis made of plastic. Now there was definitely not going to be any difficulty in obtaining a good glide. To be quite honest, I would never assert that I am a world champion in packing a rucksack. No matter how I selected and rejected different items to bring with me, my rucksack was still unbelievably and monstrously huge. Since, moreover, I myself had put on a few extra kilos during the winter, it was with a steady and solid stride that I slowly and with dignity pushed myself out into the terrain with my ski sticks.

In the early spring of this year the depth of the snow was absolutely enormous and I immediately sank down to my waist in the loose snow. It was dreadfully hard work getting myself up onto the ski track again. My narrow skis, in combination with my monstrous rucksack and the weight of a well-built man from Norrbotten, turned out to be too much. Almost immediately I started to lag far behind the rest of the troop. If only I had realised immediately the impossibility of this venture and given up. But no, brave as I was, I tramped onward in the metre-deep snow. To come up onto the track

again at all, I had to tread down the snow properly, right across the narrow ski track. Then it was a question of quickly and forcefully pushing myself along with my ski sticks. There was nothing wrong with the glide of my skis. However, when my speed decreased after a few metres, I sank down to my waist in the snow once again. After a long while strange signs could be read in the deep blanket of snow. Every ten metres, roughly, an impressive deep pit was formed in the snow.

Around the edges, strange narrow tracks could be seen in all directions. A researcher in Egyptian hieroglyphs or cuneiform writing would certainly have found a great deal to interpret here. After several hours of persistent struggle in the snow, I entered a dense stretch of forest. Here the others had waited for me and here we made our camp for the night. In the evening I spent a long time lying and reflecting with great dread on how the rest of the tour would turn out. We had only come four paltry kilometres from the road where we had started our ski tour. We were supposed to be spending a whole week in roadless terrain, skiing a good number of kilometres in the countryside. I had a vision of the newspaper headlines, "Haggard skier found dead in Muddus beside a rucksack of enormous proportions." In spite of these gloomy thoughts, I succeeded in sleeping, nevertheless.

Imagine my surprise when I woke up the next morning to discover that a thaw had set in. The sunshine was helping the thaw, and the loose blanket of snow was now being compacted somewhat. Now the snow bore a heavyweight like me! It was with great delight that I immediately took the lead in the track. Now we were making progress at a wonderfully brisk pace. Indeed, is it not strange, after all, how long cross-country skiing tours can be full of variety?

Från toppen av Skierfe (1179 m) ser man rågången mot fjällhemmanet Aktse – av många ansett som Sveriges vackraste bosättning. Maj 1969.
From the summit of Skierfe (1,179 m.) one can see the boundary-line down towards the mountain homestead Aktse – considered by many the most beautiful dwelling place in Sweden. May 1969

Bilden i mitten till höger: Vid Piellorieppes branter i Rapadalen i Sarek.
Middle photo on the right: At the precipices of Piellorieppe in Rapadalen in Sarek.

Nedre bilden till höger: STF:s gamla stuga i Aktse. /Lower photo on the right: The old cabin of STF at Aktse. May 1969.

Övre bilden till höger:
SNF:s stuga i Aktse med fjället
Tjakkeli (1214 m). Maj 1969.

Upper photo on the right:
The cabin of the Swed. Soc. for
Nature Conservation at Aktse
with Mount Tjakkeli (1,214 m.).

Övre bilden till vän-
ster: Ibland störs
tystnaden av ett
ovälkommet besök:
En helikopter sveper
in över fjällkammen.
April 1970.

Upper photo on the
left: Sometimes the
silence is disturbed
by an unwelcome
visit: a helicopter
sweeps in over the
mountain ridge.
April 1970.

Nedre bilden till vän-
ster: Hubert Karlsson
(f 1927) Rutvik, på
vintertur genom
Pastavagge i Sarek.
Maj 1966.

Lower photo on the
left: Hubert Karlsson
(b. in 1927) of Rutvik,
on a winter tour
through Pastavagge
in Sarek.
May 1966.

Bilden till höger:
Hubert Karlsson
under Pastavaratjs
(1492 m) stenkoloss
i Sarek.
Maj 1966.

Photo on the right:
Hubert Karlsson un-
der the rock colossus
of Pastavaratj
(1,492 m.) in Sarek.
May 1966.

Bilden till vänster:
Fjälltoppen Kuoper
(1686 m) med "Bengt
Edholmsplatån"
(1500 m) till höger
i Sarek.
Mars 1979.

Photo on the left:
The top of Mount
Kuoper (1,686 m.) with
"Bengt Edholm's
Plateau" (1,500 m.)
on the right, in Sarek.
March 1979.

Övre bilden till höger:
Kung Carl XVI Gustaf
(f 1946), Kurt Kihlberg
(f 1943) och överbefäl-
havaren general Stig
Synnergren (f 1915) på
Sarektjåkkås Stortopp
(2089 m).
Maj 1976.

Upper photo on the right:
King Carl XVI Gustaf
(b. in 1946), Kurt Kihl-
berg (b. in 1943) and the
Supreme Commander
of the Swedish Armed
Forces, General Stig
Synnergren (b. in 1915)
on the Great Sarek-tjåk-
kå's Summit (2,089. m).
May 1976.

Nedre bilden till höger:
Sten Brander (f 1920),
kung Carl XVI Gustaf (f
1946) och kommendör-
kapten Bertil Dagg-
feldt (f 1933) på väst-
kammen av Sarektjåk-
kå. Maj 1976.

Lower photo on the
right: Sten Brander (b.
in 1920), King Carl XVI
Gustaf (b. in 1946) and
Commander Bertil
Daggfeldt (b. in 1933)
on the western ridge of
Sarektjåkkå.
May 1976.

Bilder till vänster: Två kungar i fjällen: Fjällgurun Tore Abrahamsson (f 1928) Stockholm (övre bilden) och Kung Carl XVI Gustaf (f 1946) (nedre bilden).

Photos on the left: Two kings in the mountains: The mountain "guru" Tore Abrahamsson (b. in 1928) of Stockholm (upper photo) and King Carl XVI Gustaf (b. in 1946) (lower photo).

Övre bilden: Från västkammen av Sarektjåkkås Stortopp (2089 m) öppnar sig utsikten bort mot lågfjällen i Padjelanta. Maj 1976.

Upper photo: From the western ridge of the Great Summit of Sarektjåkkå (2,089 m.), the view opens out towards the low mountains of Padjelanta. May 1976.

Bilden till vänster:
I mästarens spår:
Fjällfotografen Tore
Abrahamsson (f 1928)
Stockholm, på vinter-
tur längs Tarradalen till
Padjelanta.
Febr 1971.

Photo on the left: In the
tracks of the master:
Mountain photogra-
pher Tore Abrahamsson
(b. in 1928) of
Stockholm, on a winter
tour along the valley
Tarradalen to Padje-
lanta.
Feb. 1971.

Övre bilden till höger:
Det drar ihop sig till
storm utanför stugorna
i Kapasluoppal i Padje-
lanta.
Mars 1974.

Upper photo on the
right: A storm is brew-
ing outside the cabins
at Kapasluoppal in
Padjelanta.
March 1974.

Nedre bilden till höger:
Vinden har ökat i styr-
ka – det är dags för
Tore Abrahamsson att
plocka fram förstärk-
ningsplaggen ur rygg-
säcken.
Febr 1971.

Lower photo on the
right: The wind has
increased in strength –
it is time for Tore
Abrahamsson to take
warmer clothing out of
his rucksack.
Feb. 1971.

Från Kanalberget (1937 m) öppnar sig panoramat över Piellorieppemassivet. Sept 1980.
From Kanalberget (1,937 m.) one can see the panorama of the Piellorieppe Massif opening out. Sept. 1980.

Utsikten över Sarekmassivet från Tvillingryggen (1846 m) med stortoppen (2089 m) till vänster. Sept 1989.
The view of the Sarek Massif from Tvillingryggen (1,846 m.) with its Great Summit (2,089 m.) on the left. Sept. 1989.

Övre bilden till höger: Sjaunja naturreservat avsatt 1986, bjuder på 2 850 km - skog, myr och fjäll. Jan 1977.
Upper photo on the right: The Sjaunja Nature Reserve, established in 1986, offers 2,850 km - of forests, marshes and mountains.

Bilden i mitten till höger: Svarta Spetsen (1830 m) - en av Sareks djärvast utmejslade toppar. Juli 1979.
Middle photo on the right: Svarta Spetsen (1,830 m.) - one of the boldest sculptured peaks of Sarek. July 1979

Bilden till höger:
Vårnatt över Tjakkelis skrovliga fjäll-
branter. Maj 1969.

Photo on the right:
The rugged precipices of Mount
Tjakkeli on a spring night. May 1969.

Vädret i fjällen kan växla snabbt. En solig och vacker morgon kan sluta i regn och dimma. Vattnet i bäckar och älvar kan hastigt stiga och bli oöverstigliga hinder för vandraren. Det som någon timme innan var ett beskedligt och tämligen enkelt vattendrag att korsa, kan förvandlas till en strid och vattenrik älv som medför stora risker att vada. Nedre bilden till vänster visar Kåtokjåkkå, där flera drunkningsolyckor med dödlig utgång ägt rum. Aug 1972.

The weather can change quickly in the mountains. A beautiful sunny morning may end in rain and fog. The water in brooks and rivers can rise rapidly and become insurmountable obstacles to the rambler. What an hour or so previously was a tame watercourse that was fairly easy to cross can be transformed into a torrential river abounding in water and extremely risky to wade across. The lower photo on the left shows Kåtokjåkkå, where several fatal drowning accidents have taken place. Aug. 1972.

"Vildmarken är livsfarlig för de lättsinniga, dumdristiga och inbilska. Den slår hänsynslöst ner den som struntar i varningar och brister i omdöme."
Ralph W. Young

"The wilderness is deadly dangerous for the rash, the foolhardy and the conceited. It ruthlessly crushes those who ignore warnings and show poor judgement."
Ralph W. Young

Övre bilden till vänster:
Christer Ågran (f 1944) Boden, på nordvästkammen till Stuolotjåkkå (1780 m) i Sarek.
Aug 1972.

Upper photo on the left:
Christer Ågran (b. in 1944) of Boden on the north-western ridge of Stuolotjåkkå (1,780 m.) in Sarek.
Aug. 1972.

Övre bilden till höger:
Stuolotjåkkåglaciären i Piellorieppemassivet.
Aug 1972.

Upper photo on the right:
The Stuolotjåkkå Glacier in the Piellorieppe Massif.
Aug. 1972

Bilderna till höger:
Det drar ihop sig till oväder i Sarek. Dimmorna sluter sig runt toppar och glaciärer och regnet hänger i luften runt Svirjatjåkkå (1738 m) och Piellorieppes Östkam (1830 m) i Rapadalen.
Aug 1979.

Photos on the right:
A storm is brewing in Sarek. The fog is enveloping summits and glaciers, and it is about to rain on Svirjatjåkkå (1,738 m.) and the Eastern Ridge of Piellorieppe (1,830 m.) in Rapadalen.
Aug. 1979.

Övre bilden: Tord Renberg (f 1936) Gammelstad, under bestigning av Piernakaise (1828 m). Sept 1981. **Upper photo:** Tord Renberg (b. in 1936) of Gammelstad, during an ascent of Piernakaise (1,828 m.). Sept. 1981.

Nedre bilden: Molnbasen vilar lågt över glaciärerna norr om Sulitelma. Photo below: Low bank of clouds hovering over the glaciers north of Sulitelma.

Lairojåkkås utflödde ur Salajekna Aug 1974. /The outflow of Lairojåkkå from Salajekna. Aug. 1974.

Nedre bilden: Örjan (f 1965) och Tore Abrahamsson (f 1928) Stockholm, på vandring i fjällen. Juni 1975. **Photo below:** Örjan (b. in 1965) and Tore Abrahamsson (b. in 1928) of Stockholm, rambling in the mountains.

Nedre bilden: Nysnö över Hiltokaises branter ner mot Tarraure. Sept 1981. Photo below:Newly-fallen snow on the precipices of Hiltokaise down towards Tarraure. Sept. 1981.

Förre parkvakten, fotografen och fjällkännaren Edvin Nilsson (f 1928) Jokkmokk, behöver knappast någon presentation. Som författare och flitig föreläsare är han ett välkänt namn runt om i landet. Genom böcker och artiklar har han spridit information om de vilda djurens fascinerande värld i Norrbottens stora nationalparker. Edvin Nilsson och Sarek är två synonyma begrepp – ingen har skildrat de stora däggdjuren i området som han.

The former park-keeper, photographer and mountain expert Edvin Nilsson (b. in 1928) of Jokkmokk scarcely needs any presentation. As an author and a diligent lecturer, he has won great renown all over Sweden. Through his books and articles he has spread information on the fascinating world of wild animals in the great national parks of Norrbotten. Edvin Nilsson and Sarek are two synonymous concepts. No one has succeeded in depicting the great mammals in the area as he has done.

Det finns många "publikfriande" växter i våra fjäll, både stora och små. På den trädfria fjällheden är det lågväxande, färggranna blomster som fjällglim, purpurbräckor, fjällsipport, lappljung m m. som drar blickarna till sig, medan högväxande och färggranna örter som stormhatt, torta, kvanne, smörbollar, midsommarblomster m m dominerar synintrycken i de bördiga dalgångarna.

Men där finns även andra växter att njuta av, men som man lätt förbiser. Vem tänker t ex på skönhetssyner när man talar om gräs, halvgräs, tåtlar och dylikt. Jag gjorde inte det i alla fall inte förrän jag fick förtroendet att illustrera tre olika böcker om fjällets och Lapplands flora.

Det började med att Fil. Dr. Gustav Sandberg och jag kom överens om att göra en bok tillsammans där Gustv skulle ansvara för texten och jag för bildmaterialet. Han hade varit chef för Abisko naturvetenskapliga forskningsstation och kände till allt om jordmånen och växterna kring Torne Träsk. Det föll sig därför naturligt att fotografera de flesta av bokens växter i den miljö där Gustav redan visste var det mesta fanns. Det var en mycket lärorik tid.

Därefter blev jag tillfrågad om jag ville ansvara för bildmaterialet i fälthandboken "Nordisk fjällflora" som docent Örjan Nilsson skrev. Ett uppdrag som tilltalade mig mycket. Men nu dög det inte att bo på en enda plats. Tillsammans åkte Örjan och jag runt i den Skandinaviska fjällkedjan, från Norges och Sveriges sydligaste fjälltrakter och ända till Nordkap och sökte och fotograferade alla dessa växter i sin rätta miljö.

Den senaste boken som jag fick förtroendet att ansvara för fotografierna till var "Flora i Renbetesland" av Christina Wahrenberg.

Många, många tusen bilder tog jag under arbetet med dessa tre böcker, och det var också under denna tid som mina ögon öppnades för denna förtjusande växtvärld i det lilla formatet, som gräs, halvgräs och liknande växter utgör.

Jag lärde mig med andra ord, att den gröna gräsmattan eller tuvan vid stigen, kan dölja flera fantasieggande och dekorativa växter. Mera sällan färggranna men ofta med en stram och sparsmakad skönhet.

Örjan Nilsson kallade alla dessa gräs- och gräsliknande växter gemensamt för "Växtrikets allmoge". En synnerligen målande benämning. De finns överallt, de är många, de förhäver sig inte med färggrann utstyrsel, utan ger i stället - i motsats till de mest prunkande och "publikfriande" blommorna - ett anspråklöst intryck. Och så är de till stor nytta. De föder de växtätande djuren vilka i sin tur föder rovdjuren och den allätande människan.

För att kunna studera dessa relativt okända men vackra växter på nära avstånd vill jag gärna rekommendera dem som planerar att vandra i fjällen - och även i skogslandet - att utrusta sig med lämplig fälthandbok, lupp, samt för fotograferna lämplig utrustning för närbildsfotografering.

Det finns oändligt mycket mer att se - och jag lovar - det berikar vandringarna.

Trådtåg (Juncus filiformis)
Thread rush (juncus filiformis)

In our mountains there are many plants, both large and small, that "play to the gallery". On the tree-less mountain heath it is the short brightly coloured flowers, such as moss campion, purple saxifrage, mountain avens, mountain heath, etc., that catch the eye, while tall and brightly coloured plants, such as monkshood, alpine sow-thistle, angelica, globe flower, wood cranesbill, etc., dominate our visual impressions in the fertile valleys.

However, in these places there are also other plants to enjoy – plants that one easily overlooks. For example, who thinks in terms of visions of beauty when one speaks of grass, grass-like plants, hair grass and suchlike? I was unac-customed to doing so – at least until I was entrusted with the task of illustrating three different books on the flora of the mountains and Lapland.

It all started when Dr Gustav Sandberg and I agreed that we would compile a book together in which Gustav would be responsible for the text and I for the illustrations. He had been Head of Abisko Scientific Research Station and knew every-thing about the soil and the plants around the lake Torne Träsk. It therefore appeared natural to photo-graph most of the plants in the book in the environ-ment where, according to Gustav's knowledge, most of the plants grew. It was a very instructive time.

After that I was asked if I want-ed to be responsible for the illus-trations in the field guide entitled "Nordic mountain flora" [in Swedish], which Associate Professor Örjan Nilsson wrote. An assignment that appealed to me a great deal. However, now it was not suitable to stay in the one place. Together Örjan and I trav-elled around the Scandinavian mountain chains, from the sou-thernmost mountainous areas of Norway and Sweden all the way up to the North Cape, searching for and photographing all these plants in their right environment.

The latest book whose illustra-

Ängsull = eriophorum angustifolium = Common cottongrass

tions have been entrusted to me is "The flora of the reindeer pas-tures" [in Swedish] by Christina Wahrenberg.

I took thousands and thousands of pictures while working on these three books, and it was also during this time that my eyes were open-ed to this delightful world of plants in the small format composed of grass, grass-like plants and such-like plants.

I learned, in other words, that the green lawn or the tuft of grass at the track can conceal several decorative plants that fire the im-agination. More seldom brightly coloured, but often with an austere and fastidious beauty.

Örjan Nilsson called all these grass and grass-like plants to-gether the "peasantry of the plant kingdom", an exceedingly expressive epithet. They are to be found everywhere, they are numerous, they do not boast in any brightly coloured outfit, but rat-her – in contrast to the most dazzling flowers that "play to the gallery" – they make a modest impression. Moreover, they are of great use. They feed herbivorous animals, which in turn feed predators and the omnivorous humans.

To be able to study these relatively un-known but beautiful plants at close range, I would like to recom-mend those who plan to ramble in the moun-tains – and even in the forests – to equip themselves with a suit-able field guide and a magnifying glass and, if they are photograph-ers, to bring suitable equipment for close-up photography.

There is no limit to what there is to see – and I promise that one's walks will be more rewarding.

Växtrikets allmoge

- ett bilduppslag av Edvin Nilsson
- a double-page spread of photos by Edvin Nilsson

Vårfryle = luzula pilosa = Hairy wood-rush

Vass = pragmites australis = Common reed

Polartåg = juncus biglumis = Two-flowered rush

Glansstarr = carex saxatilis = Russet sedge

Fjällgröe = poa alpina = Alpine meadow-grass

Lapptåg = juncus triglumis = Three-flowered rush

Övre bilden till vänster: Kontroversiellt möte på fjället: Snöskotern till glädje för många - ett störande inslag i naturen för andra. Gunnar Andersson (f 1946) Luleå och Christer Ågran (f 1944) Boden, på tur vid Kuoletisjaure i Arjeplogsfjällen. Febr 1974.

Upper photo on the left:Controversial confrontation on the mountain: The snowmobile, for the enjoyment of some – a disturbance to na-ture for others. Gunnar Andersson (b. in 1946) of Luleå och Christer Ågran (b. in 1944) of Boden, on a ski trip at Kuoletisjaure in Arjeplogsfjällen Feb. 1974.

Nedre bilden till vänster: Vid Alkajaure i Sareks nationalpark. Mars 1979.

Lower photo on the right: At Alkajaure in Sarek National Park. March 1979.

Bilden till höger: Lapporten från Njullas (1169 m) sluttning. April 1971.

Photo on the right: Lapporten (the "Gateway of Lapland") from the slope of Njullas (1,169 m.). April 1971.

Sameslöjd - vad är det, frågar sig möjligen en och annan fjällvandrare? Ja, för många innebär det förvisso en slarvigt tillverkad "turistkniv" med dåligt bett i bladet eller en kvarts renkrona till slida. Eller möjligen ett hötorgsbaserat utbud av masstillverkade fabriksknivar och kåsor i parti och minut förvärvade under någon semesterresa norröver. För andra - med än mer begränsade kunskaper - en hornbit med stereotypa glödritade mönster eller plastimiterade massprodukter från fjärran östern upphandlade längs vägarna på Nordkalotten.

Av allt att döma är detta bilden av samernas slöjd många resenärer bär med sig hem efter ett besök i norra Skandinavien. En i hög grad beklaglig och vilseledande bild av ett genuint och unikt hantverk som förtjänar en betydligt bättre renommé i internationellt konstliv än denna klichéartade och missvisande uppfattning.

Ja, giehta dáidu – handens konst - är en viktig del av samernas kulturarv - ett fascinerande hantverk med djupa rötter i samisk historia och kulturmedvetande. Utöver den historiska aspekten finns en mängd egenskaper som gör detta hantverk så fascinerande: utsökt enkelhet, dogmatisk knapphet och en avmätt estetisk fulländning. Arkaiska och tidlösa grundformer, lika ursprungliga och okonstlade till sin karaktär, som den storslagna fjällnaturens svindlande skönhet.

Men här finns även något annat: funktionen, formen och materialet inflätade i en fulländad ekologisk anpassning. För att inte nämna det abstrakta, imaginära och undflyende... Samiska konstnärer och slöjdare har ofta filosoferat över renhornets ockulta krafter och gamla samer har med stark emfas framhävt hornets magiska egenskaper. Än i dag plockar många äldre renskötare upp ett renhorn han finner på marken - placerar det på en upphöjd sten eller hänger det i något träd - en oreflekterad instinkt eller medveten vördnad inför hornets hemlighetsfulla och förföriska väsen...

Det vilar obestridligen ett skimmer av mystik - en gudomlig besvärjelse - över renhornets gåtfulla väsen, detta outgrundliga horn som i gammal tid offrades till seiter och övernaturliga beläten i markerna. Och då har jag ändå inte med ett ord dryftat renhornets potenshöjande effekt för den manliga befolkningen i Asien...

Den kände samiske konstnären och slöjdaren Lars Pirak (f 1932) Jokkmokk, vidhåller att han alltid bär en bit renhorn med sig som skydd mot det övernaturliga: "Det ger tur att ha en kniv av renhorn på sig", hävdar han bestämt.

Som utomstående betraktare blir man i vart fall lätt berörd - lyrisk inför tingens hemlighetsfulla aura och exotiska skönhet. Tankarna förlorar sig lätt bortom det vardagliga...

Ja, samiskt hantverk fångar onekligen köparen i ett hypnotiskt grepp, talar till dennes fantasi och skönhetslängtan - men även till hans girighet och habegär. Det är lätt för den intresserade att bli besatt av föremålens attraktiva lockelse - slöjdalster så sköna att beskåda att det nästan gör ont.

Och låt mig en gång för alla konstatera: ingen bild i världen - hur välkomponerad den än må vara - kan göra dessa konstverk full rättvisa. Slöjdalstren måste hållas med varsam hand, smekas och omslutas, så att den estetiska och taktila kvalitén känns mot fingertopparna. Här finner vi nyckeln till hemligheten bakom sameslöjdens osannolika och lockande skönhet, vilket möjligen kan ge förklaringen till sameslöjdens växande status bland samlare och konstälskare - något som inte alltid har varit fallet.

En av orsakerna till slöjdens allmänt låga status under större delen av 1900-talet är att hantverket under lång tid levt i skuggan av det upphaussade och prestigefyllda "lappsilvret". Redan 1903 reagerade den framsynte sameforskaren, professor Karl Bernhard Wiklund (1868-1934) över den ringaktning man visade sameslöjden på bekostnad av silversmidet.

Sameslöjden har dock under andra hälften av 1900-talet utvecklats till ett dynamiskt och högtstående konsthantverk. Med en ung generation skolade och begåvade slöjdare har nya värderingar och konstformer växt fram. Viljan att understryka det genuint samiska, säg gärna det personliga, har utvecklat den konstnärliga kreativiteten bland dagens slöjdare. Mångfald och individualitet präglar i allt högre grad slöjdföremålen - konstalster som inte bara berättar om vilket decennium vi lever i, utan även ger en fingervisning om morgondagen. Den samiska slöjdkulturen filtreras alltmer genom hantverkarnas artistiska temperament - ett konstkynne som bådar gott för framtiden.

Låt mig avslutningsvis berätta den lärorika historien om den kände träsnidaren Axel Peterssons (1868-1925) besök i Jönköping. "Döderhultaren" - som han allmänt kallades - befann sig på genomresa när han i ett av stans skyltfönster - till sin stora förvåning - upptäckte några förfalskade kopior av sina berömda "gubbar".

"Världen vill bedragas", var den något lakoniska kommentar han fällde vid beskådandet av falsariet. När han något senare steg in i butiken för att förhöra sig om priset på "träbelätena" höll han av pur häpnad på att "tappa byxorna". Och det finns anledning för fler än en köpare av "äkta sameslöjd" att skaffa sig rejäla "hängslen" innan man närmare börjar skärskåda sina kanske för dyra pengar förvärvade slöjdalster.

Sami handicraft – what´s that? This is a question that many a mountain rambler may ask himself. Indeed, to all appearances, many people consider Sami handicraft to consist of a carelessly manufactured "tourist knife" without any sharpness in its blade, or with a quarter of an antler as a sheath. Or possibly an assortment of kitsch knives mass-produced in some factory, acquired by wholesale and by retail during some holiday trip in the north. For others with even more limited knowledge, Sami handicraft may consist of a piece of reindeer horn with stereotype patterns done in poker work or plastic imitations, mass-produced in the Far East...

To all appearances this is the picture of Sami handicraft that many travellers bring home with them after a visit in northern Scandinavia. It is to a high degree a deplorable and misleading picture of a genuine and unique handicraft that deserves a much better international reputation in the world of art than this stereotyped and deceptive apprehension.

GIEHTA DÁIDU - the art of the hand - is an important part of the cultural heritage of the Sami - a fascinating handicraft with deep roots in the history and cultural consciousness of the Sami. In addition to the historical aspect, there are a great number of qualities that make their handicraft so fascinating: exquisite simplicity, dogmatic reserve, and a measured aesthetic perfection. Its basic forms are archaic and timeless and as primeval and natural in their character as the giddy beauty of the magnificent mountain landscapes.

But there are also other aspects of this handicraft - function, form and material interwoven to form complete ecological adaptation. Not to mention the supernatural, the abstract, the imaginary and the ungraspable ...

Sami artists and craftsmen have often philosophised about the occult powers of reindeer horn, and older Sami have with great emphasis claimed that the horn is magic. It is indisputable that a shimmer of mystery - a divine incantation - resides in the power of reindeer horn, this enigmatic horn which in ancient times was sacrificed in homage to "seitar" (cult objects) or supernatural images in nature. Here we can find a possible explanation of the mysterious and seductive essence of Sami handicraft.

The Sami artist Lars Pirak maintains that he still always carries a piece of reindeer horn on him, for protection against the supernatural. "Wearing a knife of reindeer horn brings you good luck," he claims emphatically.

At any rate, the uninitiated observer is easily moved, growing lyrical at the mysterious and exotic beauty of things. Our thoughts lose themselves easily beyond the commonplace ...

Yes, Sami handicraft certainly captures the purchaser in its hypnotic grip, appeals to his imagination and longing for beauty - but also to his covetousness and possessive instinct.

It is easy for those who are interested in Sami handicraft to become obsessed by the powerful allurement of the objects - specimens of handicraft that are so beautiful to behold that it almost hurts.

And allow me to establish once and for all: no photograph in the world - no matter how well composed it is - can do full justice to these works of art. These creations must be held in a careful hand, caressed and clasped, so that the aesthetic quality can be felt against one's finger-tips. Here we find the key to the secret behind the exotic and tempting beauty of Sami handicraft, which can provide a possible explanation as to why Sami handicraft has become so popular among collectors and art connoisseurs - which has unfortunately not always been the case.

One of the reasons for the general low status of the handicraft during the greater part of the 20th century is that it lived for a long time in the shadow of the prestigious "Sami silver", whose importance has been exaggerated. As early as 1903 the far-sighted Sami researcher Professor Karl Bernhard Wiklund (1868-1934) reacted to the disdain shown to Sami handicraft in favour of the silver work.

Sami handicraft has developed into a dynamic and highly advanced art handicraft. And new values and artistic forms are evolving with a young generation of trained craftsmen. The desire to emphasise what is genuinely Sami, or even specifically individual, has developed the artistic creativeness of today's craftsmen. The creations of Sami handicraft are characterised to a greater and greater extent by diversity and individuality - objects of art which do not only tell us what decade we are living in but also provide us with a hint as to the nature of tomorrow. The handicraft culture of the Sami is being filtered more and more through the artistic temperament of the craftsmen - which provides a good omen for the future.

Let me in conclusion tell the instructive story of a visit paid by the famous wood carver Axel Petersson (1868-1925) to Jönköping. "Döderhultaren", as he was generally referred to, was passing through the town when, to his great surprise, he discovered in one of the town's shop-windows a few fake copies of his famous sculptures of old men. "The world wants to be deceived," was the rather laconic comment he made when witnessing this forgery. When he stepped into the shop somewhat later to inquire about the price of the "wooden images", he was so amazed that his "trousers almost fell down". And there is reason for more than one purchaser of "genuine Sami handicraft" to buy themselves a good pair of "braces" before they start to closely examine the pieces of handicraft that they have perhaps paid dearly for.

Konstnären och författaren
Hans Anderson (f 1934)
Jokkmokk, är uppskattad och väl-
känd för sina personliga naturbe-
traktelser med kulturhistoriska
utvikningar från Lappland. Han
kom till norrbotten som ung predi-
kant vintern 1955, blev intendent i
Jokkmokks museum (nuvarande
Ájtte) åren 1969-1982, innan han
sadlade om till fri kulturarbetare.
Hans Anderson har även rest och
skildrat de cirkumpolära områdena
i norr.

The artist and author Hans
Anderson (b. in 1934) of Jokkmokk
is appreciated and renowned for his
personal reflections on nature in
Lapland, with their digressions into
cultural history. Hans Anderson
came to Norrbotten as a young
preacher in the winter of 1955.
Between 1969 and 1982 he was a
museum keeper at Jokkmokk
Museum (the present Ájtte
Mountain and Sami Museum),
before switching to the life of the
free man of culture. He has also
travelled widely and described the
circumpolar regions in the North.

Muddus. Namnet betyder måttlig,
lagom, kanske i mitten. Studerar man
kartan ser man att Muddus ligger
ungfär mitt emellan Norge i väster
och Finland i öster. Här har männi-
skor alltid mötts. Här möts också, vil-
ket man ser på kartan, de tre språken
samiska, finska och svenska.

Än i denna dag håller skogssamer
sina renar här om sommaren, fjällsa-
mer kommer västerifrån om vintern.

Muddusområdet undgick att
utsättas för de första stora
avverkningarna i slutet av 1800-talet
och början av 1900-talet och var där-
för nästan helt opåverkat av den
"moderna" människan när det
avsattes som nationalpark 1942. Ett
stycke "gammal-Lappland" med väl-
diga myrar, sjöar och hedar och berg
med månghundraåriga träd. Genom
alltsammans strömmar Muddus
Jåhkå som i parkens nedre del kastar
sig ned i den hundra meter djupa
klyftan Gähppogårsså. Det ingår
med sina 49.000 hektar sedan 1996 i
det av FN avsatta Lapplands världs-
arv, Laponia, som är det största
sammanhängande skyddade områ-
det i Sverige.

Naturligtvis har människan, som
funnits här i flera tusen år, satt sina
spår. Sedan mer än femtio år har det
funnits stigar och övernattningsstu-
gor för sentida vandrare. Stigen, som
österifrån leder till Muddusluobbal
och den nordligaste belägna av de
sex stugorna som finns tillgängliga
för allmänheten, följer på en sträcka
av fem kilometer foten av en lång
smal ås, som lik en egg höjer sig över
det omgivande myrlandet. Ännu en
stig, som forna tiders människor föl-
de, löper högst uppe på åsen, ännu
synlig men långsamt försvinnande
under vindfällen och barr och löv.

En sådan här markant formation i
landskapet har alltid utnyttjats av
både djur och människor. Härifrån
hade den forne jägaren fri sikt åt
söder och norr, här var lättgånget,
här låg man i försåt för det vilda. I
skydd för nordanvinden, vid foten
av åsen på dess sydsida har män-
niskor också bott. Den som har ögon

att se med finner de gamla arraplat-
serna där elden en gång flammat och
kring vilka människorna samlats för
att söka värme och ljus. Några av
dessa stenringar ligger mitt på turist-
stigen.

Arran, eldstaden, var ett heligt ställe,
och kring den ägde i första hand
kvinnan att bestämma. Ingen gick
över arran eller trampade i den.
Nutidens muddusvandrare trampar
obekymrat på, rakt över de heliga
ställena. De ser dem inte ens. Varje
gång jag går förbi brukar jag knacka
lätt med staven i någon av stenarna
och säga: - God dag människor!

Några av de gamla boplatserna
kan vara alltifrån trehundra till tusen
år. Människorna på stigen är glömda.
För mig, sentida gäst i det här land-
skapet, lever de ändå. Kärleken till
landet fördjupas av kunskapen om
det förflutna och respekten för forna
tiders människor som vilade sina
trötta lemmar just här och vilkas föt-
ter gröpte ur de stigar man oförmo-
dat ännu kan finna långt bortom den
banade leden.

Senast när jag gick den här stigen
(räknat från det tillfälle när jag skri-
ver de här raderna) var det sen höst.
Ett lätt snöpuder skänkte landskapet
en ny friskhet och isarnas råmande
gav det en ny ljuddimension, ersät-
tande svanarnas rop som nu tystnat.
De har givit sig iväg, liksom de flesta
andra av sommarens alla fåglar. Men
jag ser en kungsörn och hör korparna
ropa. Jag hör gräsänder "samtala" i
de vakar som ännu finns, kanske
någon dag till.

Hur lätt rör sig inte fötterna över
den hårdfrusna marken, hur kärv
och ren är inte luften att andas!

Jag söker mig hit, ofta med hustru
och barn eller med någon kamrat.
Tankar på människorna som hade
sina boplatser just på den stig där jag
går och som inte visste av klockans
och almanackans gissel, ger mig ro.

De vackra tjädrarna som flyger
upp framför oss med bullrande ving-
slag, ger mig glädje och styrka.

Barnen, i olika åldrar under alla
åren, skänker mig tröst.

Muddus. The name means "moderate", "just right", or maybe "in the middle". If one studies the map, one sees that Muddus is situated roughly half-way between Norway in the west and Finland in the east. Here people have always been meeting one another. Muddus is also a meeting-place, as one can see on the map, for three languages – Sami, Finnish and Swedish.

Even today the Forest Sami still keep their reindeer here in the summer, and the Mountain Sami come from the west in the winter.

The Muddus area escaped becoming the target of the first bouts of timber felling at the end of the 19th century and the beginning of the 20th, and was therefore almost completely uninfluenced by "modern" man when it was declared a national park in 1942. A piece of "ancient Lapland" with vast marshes, lakes and heaths, and mountains with trees many centuries old. Through all of this Muddusjåhkå flows, which in the lower part of the park plunges down into the hundred-metre-deep ravine Gähppogårsså. With its 49,000 hectares, Muddus has since 1996 been part of Lapponia, Lapland's world natural heritage site, as listed by UNESCO. Lapponia is the largest continuous stretch of protected land in Sweden.

Of course, people have been living here for several thousand years and have thus left their mark. For more than fifty years there have been tracks and tourist cabins for the ramblers of our days. The track leading from the east to Muddusluobbal and the most northerly situated of the six cabins that are available to the public follows, over a distance of five kilometres, the foot of a long, narrow ridge, which like a cutting edge rises over the surrounding marshland. Another track, which the people of ancient times followed, runs along the top of the ridge, still visible but slowly disappearing under windfallen trees and needles and leaves.

Such a prominent formation in the landscape has always been used by both animals and people. From here the ancient hunter had a free view to the south and the north, here it was easy to walk, and here one could lie in ambush for wild animals. Moreover, people have also lived at the foot of the south side of the ridge, protected against the northern wind. Those who have eyes to see with will find the sites of old fireplaces, where people once gathered around the flames to seek warmth and light. Some of these rings of stone are located in the middle of the tourist track.

The fireplace was a holy place and around it the women primarily had the right of decision. No one walked over the fireplace or trod on it. Today's ramblers in Muddus walk along unconcerned, straight over the holy places. They do not even see them. Each time I go past one, I usually tap one of the stones lightly with my staff and say, "Good day to you, people!"

The age of some of the old dwelling sites can range from three hundred to a thousand years. The people who have walked along the track are forgotten. For me, who am a guest of our days in this landscape, they are still alive. Our love of the countryside is deepened by knowledge of the past and respect for the people of ancient times who rested their tired limbs precisely here, and whose feet wore down the tracks that one can still unexpectedly find far away from marked trails.

The last time I walked along this track (looking back from the time of writing) it was late autumn. A thin layer of powder snow lent the landscape a new freshness, and the bellowing of the ice gave it a new dimension of sound, replacing the cries of the swans, which had now become silent. They had made their departure, like most of the other birds of summer. However, I see a golden eagle and hear the cries of ravens. I hear mallards "conversing" in the holes still left in the ice, maybe for another day.

How light one's feet move across the ground frozen hard, how sharp and pure the air is to breathe!

I love coming here, often with my wife and children or with a friend. Thinking about the people who had their dwelling sites at the very track that I am walking along, who were not aware of the curse of the clock and the calendar, gives me peace.

The din of the beautiful capercaillies flying up into the air in front of me brings me joy and strength.

Children of all ages give me solace through all the years.

Lennart Karlsson (f 1945) Piteå, visar upp nåjden Ramsos gamla järngryta vid dennes övergivna bosättning Heimaråvve i Muddus. Okt 1997.

Lennart Karlsson (b. in 1945) of Piteå, showing us the old cast-iron cauldron of the shaman Ramso at his abandoned dwelling, Heimaråvve, in Muddus. Oct. 1997.

Lars Pirak (f 1972) Jokkmokk

Fjäll
vid dina hedar
skall min själ förlösas
från den oro
som staden gett mig.

Ur dina mäktiga sagor
och dåd
vill jag ösa den lärdom
som är från gångna tider.

Lars Pirak

Mountain
on your moors
shall my soul be delivered
from the anxiety
instilled in me by the city

From your mighty sagas
and exploits
I wish to pour the learning
which is from times gone by.

Lars Pirak

Ingen levande person är i dag så förknippad med den samiska kulturens innersta väsen, som stormästaren och slöjdgurun Lars Pirak (f 1932) Jokkmokk. Hans berömda skapelse saltripan lade en gång grunden till hans stora ryktbarhet som konstnär, hantverkare och formgivare. Som bildskapare är han sedan länge Lapplands ledande affischnamn.

Barndomstidens upplevelser i Luovvaluokta, det rensköttande nomadernas berättelser och de äldre sameslöjdarnas nedärvda kunskaper, fångade tidigt Lars Piraks uppmärksamhet. Han fängslades av den storslagna naturen, årstidernas växlingar och färgprakten om hösten, av renarnas skönhet i landskapet och den samiska mytologins äldre trosföreställningar i så hög grad att de snärjde hans intressen för livet. Under sina vandringar i fjällen har Lars Pirka funnit harmoni i tillvaron och den frihet hans oroliga konstnärssjäl sökt och vilket han så mästerligt fångat i några korta strofer:

Today no living person is so associated with Sami culture and the intrinsic nature of art as the great master and handicraft guru, Lars Pirak (b. in 1932) of Jokkmokk. His famous work of art, "The Salt Ptarmigan", laid the foundation of his great renown as a craftsman and designer. As a pictorial artist he has for a long time been a popular and prominent representative of Lapland.

At an early age Lars Pirak was captivated by his experiences in Luovvaluokta, by the stories of the reindeer-herding nomads and by the skill of the older Sami craftsmen, handed down from generation to generation. He was also captivated by the magnificent beauty of nature, by the seasonal changes and the rich colours of the autumn, by the beauty of the reindeer in the landscape and by the ancient beliefs of Sami mythology - all of which aroused a fascination that has lasted all his life. During his trips in the mountains Lars Pirak has found the security and freedom which his restless artistic soul has sought and which he has so masterfully captured in the following few short verses:

Saltripa ("The Salt Ptarmigan") Lars Pirak, Jokkmokk. Sept 1998.

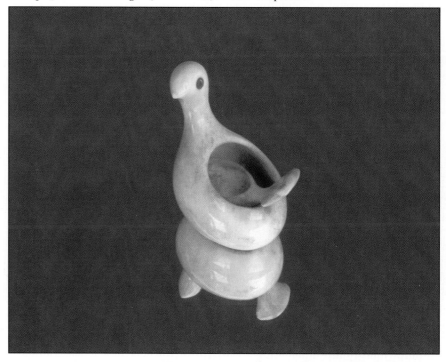

Lars Pirak är sedan länge en av förgrundsgestalterna inom den samiska kulturen - vars slöjd och bildkonst han förnyat. Han är tillika en berättare av "guds nåde" och hans muntliga framställningskonst har blivit uppskattad av en stor publik. Lars Pirak avslutar gärna sina officiella framträdanden med en jojk.
Övre och nedre bilden: Två oljemålningar signerade Lars Pirak.
Aug 2001.

Lars Pirak has for a long time been one of the most prominent figures in Sami culture. He
has succeeded in renewing Sami handicraft and pictorial art. Moreover, he is a skilful and
eloquent story-teller and his tales have captivated many an audience in Lapland. Lars Pirak
likes to end his public appearances with a "yoik"*.
Two oil-paintings of Lars Pirak.
Aug. 2001.

*Improvised chant sung by the Sami.

105

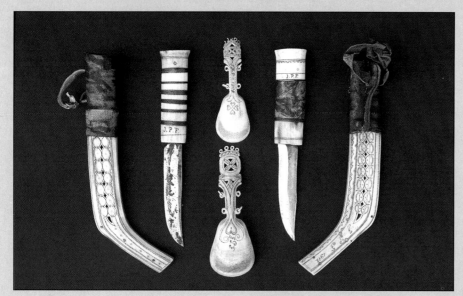

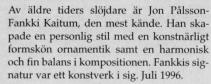

Av äldre tiders slöjdare är Jon Pålsson-Fankki Kaitum, den mest kände. Han skapade en personlig stil med en konstnärligt formskön ornamentik samt en harmonisk och fin balans i kompositionen. Fankkis signatur var ett konstverk i sig. Juli 1996.

Jon Pålsson Fankki of Kaitum is the most renowned of the older craftsmen. He created his own personal style, characterised by an artistic, beautifully formed ornamentation and a harmonious and finely balanced composition. Fankki's signature was a work of art in itself. July 1996.

Bilden i mitten: Helhornskniv av Sune Enoksson (f 1934) Tärnaby. Aug 1990.

Middle photo: "Whole-horn" knife by Sune Enoksson (b. in 1934) of Tärnaby. Aug. 1990.

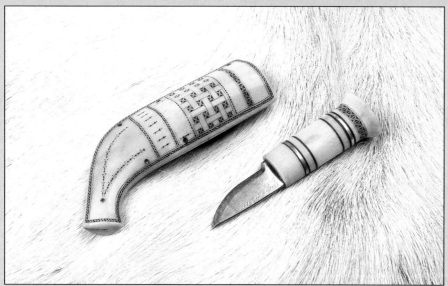

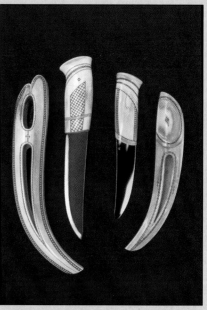

Övre bilden: Två utsökta helhornsknivar av Martin Kuorak. Juli 1996.

Upper photo: Two exquisite whole-horn knives by Martin Kuorak. July 1996.

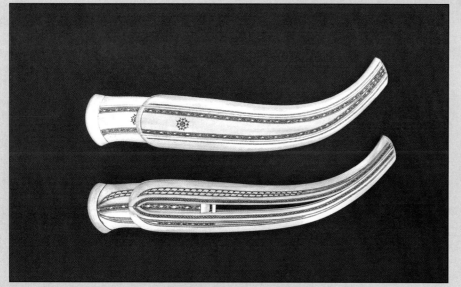

Bilden till vänster: Esse Poggats (f 1937) Gällivare, är den samiska knivens främste förnyare. Under tre decennier har han utvecklat ock förfinat kniven till ett ypperligt konsthantverk. Aug 1999.

Photo on the left: Esse Poggats (b. in 1937) of Gällivare is the craftsman who has contributed most to renewing the design of the Sami knife. During three decades he has been developing and refining the knife, making it into an excellent example of Sami art handicraft. Aug. 1999.

Muddus nationalpark, bildad 1942 med en areal på 493 km². Muddus-jokks ravin skär genom nationaparkens södra del. / Muddus National Park, established in 1942, has an area of 493 km². Muddusjokk's ravine cuts through the southern part of the national park. Aug. 1997.

Nedre bilden till vänster: Det 42 m höga Muddusfallet Käppokårtje.
Lower photo on the left: The 42 m-high Muddus Waterfall, Käppokårtje.

Övre bilden: Från Prinskullen (749 m) över deltat vid Kvikkjokk.
Sept 1981.
Upper photo: View from Prinskullen (749 m.) over the delta at Kvikkjokk. Sept. 1981.

Bilden till höger: Martin Kuorak (f 1940) Jokkmokk, skissar upp ornamentiken på en knivslida. Juni 1996.

Photo on the right: Martin Kuorak (b. in 1940) of Jokkmokk, making a sketch of the ornamentation on a knife sheath. June 1996.

Bilden i mitten: Hornsnidaren Erik Norberg (f 1913) Långsjöby, beundrar Margaretha Nordins (f 1943) broderade vävnader med motiv från samiskt vardagsliv. Febr 1991.

Middle photo: Erik Norberg (b. in 1913) of Långsjöby, is admiring Margaretha Nordin´s embroidered tapestries with their motifs from Sami everyday life. Feb. 1991.

Övre bilden: Rotslöjderskan Margit Kitok-Åström (f 1925) Malmberget. Feb 1995.

Upper photo: Tree-root craftswoman Margit Kitok-Åström (b. in 1925) of Malmberget. Feb. 1995.

Bilden till höger: Poeten och rotslöjderskan Ellen Kitok-Andersson (f 1932) Jokkmokk, är den kvinnliga sameslöjdens mesta ambassadör. Genom kurser och föredrag har hon spridit information om rotslöjden som hantverk. Mars 1991.

Photo on the right: The poet and tree-root craftswoman Ellen Kitok-Andersson (b. in 1932) of Jokkmokk is the greatest ambassador of the handicraft of Sami women. Through her courses and lectures, she has spread information on tree-root handicraft. March 1991.

Övre bilden: Från fågeltornet vid Muddusluoppal mot Sör-Stubba (658 m) i nordväst. Aug 1997.
Upper photo: From the bird-watching tower at Muddusluoppal towards Sör-Stubba (658 m.) in the northwest. Aug. 1997.

Övre bilden till höger: Höstfärger i Tjuoltadalen. Sept 1981.
Upper photo on the right: Autumn colours in Tjuoltadalen. Sept. 1981.

Ett träkors vid Allas övergivna lappläger, med inskriften: "Här avsomnade Per Persson-Kuhmunen den 5.11.1952". Sept 1997.
A wooden cross at Allas' deserted Sami camp, with the inscription, "Here Per Persson-Kuhmunen departed this life on 5.11.1952".

Tsielekjåkkås delta vid utflödet i Peuraure nära gården Skaite. /The delta of Tsielekjåkkå at its outflow into Peuraure near the homestead Skaite.

Till Regeringen

Pärlälvsområdet är Sveriges enda stora "sjödal" i skogslandet med oreglerade vatten och väglöst omland.

Här rinner 'Silba ätno' från källorna invid fjällen genom Tuorponsamernas renbetesmarker. Här har naturen i alla tider klarat sin ekologi själv. Människan har visserligen nyttjat och nyttjar fortfarnade markerna, men på ett varsamt sätt, i renskötsel, jakt och fiske samt skogsbruk till husbehov.

Ifall man med metoder som premieras av storskogsbruket går in här djupt in för att ta "russinen ur kakan" skär man upp landet, lägger det skyddslöst. Den fjällnära skogen är en sista hemvist för många utrotningshotade djurarter.

Örnarnas bon som kan väga upp mot ett ton kan bara bäras upp av äldre tallar.

Regeringen har sagt sig vilja arbeta långsiktigt för en framtid med betoning på miljön. Det ligger också i de människors intresse som bor och bygger i de här trakterna.

Vi förordnar insatser på att återbeskoga effektivare på andra håll och i väntan på resultatet en mera effektiv pappersåtervinning.

Slutligen vädjar vi till regeringen att följa Naturvårdsverkets rekommendation att rädda Pärlälvsområdet undan vägbyggen, kalavverkningar och markberedning.

Vi uppmanar likaså regeringen att avsätta området som ett natur- och kulturreservat för att skydda de stora skogarna undan tung exploatering och de obundna vattnen från att byggas ut, men göra det möjligt för människor att i fortsättningen bruka naturtillgångarna på ett naturanpassat sätt, som nu sker, till nytta och rekreation.

Jokkmokk den 6 oktober 1984
Ingvar Segerström

för Jokkmokkskretsen av Svenska Naturskyddsföreningen

To the Swedish Government

The Pearl River area is Sweden's only great "lake valley" in forest land with waters unharnessed for hydroelectric power and surrounded by roadless country.

Here "Silba Ätno" flows from its sources alongside the mountains through the reindeer pastures of the Tuorpon Sami. Here nature has from time immemorial taken care of its ecology by itself. It is true that humankind has made use of and is still making use of the land, but in a careful way, through reindeer breeding, hunting and fishing, and forest utilisation for household requirements.

If one uses methods encouraged by large-scale forestry to penetrate this area deeply in order to "take the best plums", then one cuts up the country and renders it unprotected. The montane forest is one of the last habitats of many endangered species of animals.

Eagle´s nests, which can weigh up to a tonne, can only be supported by older pine trees. The Government has declared that it wants to work in the long term for a future where an emphasis is placed on the environment. This is also in the interest of those people who are living and building in these districts.

We prescribe measures for more effective reafforestation elsewhere and, pending the results, more effective paper recycling.

Finally we appeal to the Government to follow the recommendation of the Swedish Environmental Protection Agency to preserve the Pearl River area from road construction, clear-felling, and preparation of the ground.

Moreover, we urge the Government to declare the area a nature reserve and cultural reservation, in order to protect the great forests against severe exploitation, to protect the unrestrained waters from being harnessed for hydroelectric power, and to make it possible for people in the future to use the natural resources in a way adapted to nature, as they do now, to their benefit and for their recreation.

Jokkmokk, 6th October 1984
Ingvar Segerström

- for the Jokkmokk Section of the Swedish Society for Nature Conservation.

En skön syn för ögat:
Från Pätnakpakte (712
m) ser vi f.d. fjällägenhe-
ten Skaite inbäddad i
fjällskogen under Sareks
snöklädda toppar i
norr.
Foto: Ingvar Segerström.

A beautiful view for the
eye to feast on: From
Pätnakpakte (712 m.)
we see the former
mountain holding Skaite
imbedded in the moun-
tain forest under the
snow-covered summits
of Sarek in the north.
Photo: Ingvar Segerström.

Ingvar Segerström (f 1929) Jokkmokk, har under många år varit verksam med skyddet av skogar och älvar i Lappland. Han tog initiativet till bildandet av Svenska Naturskyddsföreningens lokala krets i Jokkmokk.

Tillsammans med författaren Hans Anderson gav han 1985 ut boken "Östan om fjäll västan om skog" - en initierad och finstämd beskrivning av Pärlälvsområdet.

Ingvar Segerström (b. in 1929) of Jokkmokk has for many years been actively involved in the conservation of forests and rivers in Lapland. He took the initiative to establish the local section of the Swedish Society for Nature Conservation in Jokkmokk. Moreover, together with the author Hans Andersson, in 1985 he published the book "East of the mountains, west of the forest" [in Swedish] – a well-informed and atmospheric description of the Pearl River area.

Året var 1958. Familjen bodde i gårdshuset med fönster inåt gården. Två rum och kök. Gasspis, kakelugn. Vi var en stor familj. Till hösten väntades ett nytt syskon. Det fanns också en annan väntan. Den om far i familjen skulle till hösten få tillträda den lärartjänst han sökt i Jokkmokk. Skulle vi få lämna den sotiga staden?

Koltrastens ljuvliga sång på bakgården i majnatten verkade full av löften...

Hustru Ulla och jag hade redan införskaffat den gamla, grå generalstabskartan i skala 1:200.000 och ivrigt studerat vad man uppmätt på 1800-talets slut i Sveriges största kommun däruppe vid Polcirkeln. Särskilt fascinerades vi av "Perleelfven" och området däromkring.

I nytrycket av den gamla kartan hade nytillkomna vägar blivit inlagda och längs älven sågs en väg slingra sig de fem milen upp till källsjön Karatj. Vi kunde utläsa forsar och fall i älvens lopp och ett och annat gårdsnamn med en smörgul klick invid. Teckenförklaringen angav det som "odling". Så fanns det blekt gröna ifärgningar uppemot höjder och fjällkanter som tecken för "myrslåtteräng..."

Ja, det var många fantasidrömmar vi skapade oss inför den gamla kartan. Vi var redan förvissade om att Pärlälvsområdet skulle bli vår fristad...

Så blev det också! Redan ett år efter flyttningen hade vi vårt fritidsviste i timrad stuga några mil uppströms Pärlälven.

Sångsvan, storlom och berguv blandade sina rop med lekande barns glada röster under årstidernas växlingar. Det finns inget som går upp mot året runt få känna naturen inpå huden.

"År läggs till år". Det småskaliga skogsbruket som alltid funnits där människan bor försvinner i och med den stora storm som mejade ner över en miljon träd kring Karatj den 31 oktober 1897. Skogsbolagen tar över.

Timmerflottningen i älven börjar och läggs ner. Skogsbilvägar börjar byggas för lastbilstransporter och dessa vägar söker sig allt längre upp emot fjällen...

Idag ligger Pärlälvens Naturreservat med sina 56 600 hektar skyddat!

Här kan man nu vara i en skog med månghundraåriga tallar och inom en radie av tio kilometer inte ha en enda väg av något slag. Det finns bara ytterligare två sådana ställen i hela Sverige...

Det var alltså i sista stund! Och hur gick det till?

...Ja, den drömmande skolläraren och hans familj hade nu 1984 bytt sitt första viste mot ett som ligger längst upp vid Pärlälvens översta källsjö Peuraure. (I tron att Skaite, som visserligen står utsatt på bilkartor, liggande två mil från närmaste väg skulle vara utom räckhåll för storskogsbruket.)

Det blev ett häftigt uppvaknande när sonen kom hem och berättade - Han hade upptäckt en vägstakning in mot Pärlälvsområdets yttersta skogar invid fjället. En väg in i jungfruliga marker där hittills bara renskötande samer och nybyggarnas ättlingar haft sin utkomst.

Jokkmokkskretsen av Svenska Naturskyddsföreningen, skapad på initiativ av ovannämde drömmare, drar igång, slår sig ihop med Tuorpons Sameby, på samma sätt som förra gången med samebyarna inför hotet mot Sitojaure, fick Naturvårdsverket engagerat uppvaktningar hos regeringen, och efter segslitna förhandlingar med Statliga Domänverket, sedermera Statens Fastighetsverk så blir resultatet - Pärlälvens Naturreservat!

... Den nu gamle mannen, som stolt men också ödmjuk med tanke på hur ödets makter verkar, sitter och blickar ut över vildmarken häruppe vid Pärlälvens källor. Han tänker med tacksamhet på koltrasten på bakgården därnere i storstaden, som en gång outröttligt en hel vår uppmanade till "att låta dröm gå i uppfyllelse..."

It was in the year 1958. The family lived in the courtyard house, whose windows looked out onto the backyard. Two rooms and a kitchen. A gas cooker and a tiled stove. We were a big family. We were expecting a new baby that autumn. We were also waiting for something else – to see whether the father of the family would have the opportunity that autumn to take up the teaching post that he had applied for in Jokkmokk. Would we be able to leave the sooty city?

The delightful song of the blackbird in the backyard in the May night seemed full of promise ...

My wife Ulla and I had already obtained the old gray ordnance map on a scale of 1:200,000 and had eagerly studied what had been surveyed at the end of the 19th century in Sweden's largest municipality up there on the Arctic Circle. We were particularly fascinated by the "Pearl River" and the surrounding area. In the new edition of the old map, newly built roads had been added and along the river we saw a road winding up the fifty kilometres to the source lake Karatj. We could infer that there were rapids and waterfalls in the course of the river and a few names of homesteads here and there with a butter-yellow dab next to them. The key to the symbols showed this to be "cultivated land". Moreover, there were pale-green patches close to the summits and the edges of mountains as symbols for "hay fields on marshes"...

Indeed, we created many dreams in our imagination in front of the old map. We were already convinced that the Pearl River area would be our sanctuary ...

As indeed it turned out to be! A year after our move we already possessed our holiday home in the form of a timbered cottage some twenty kilometres or so upstream along the Pearl River.

The cries of the whooper swan, the black-throated diver and the eagle owl mingled with the happy voices of playing children during the changing seasons. There is nothing like feeling nature close to your skin all the year round.

The years accumulated. The small-scale forest utilisation that had always taken place where people lived disappeared when a great storm mowed down more than a million trees around Karatj on 31 October 1897. The forest companies took over. Timber floating on the river was started and then discontinued. Construction work started on forest motor roads for transportation by lorry and these roads tended to lead further and further up towards the mountains ...

Today the Pearl River Nature Reserve with its 56,000 hectares is a protected area! Here one can now walk in a forest with pine trees that are many centuries old, without having a single road of any kind within a radius of 10 kilometres. There are only two more places of this kind in the whole of Sweden ... Now, this happened just in time! And how did it happen?

Well, the dreaming schoolteacher and his family had in 1984 changed their first holiday home for one situated furthest upstream at Peuraure, the uppermost source lake of the Pearl River. (In the belief that Skaite, which is marked on road maps, it is true, but is situated twenty kilometres from the nearest road, would be beyond the reach of large-scale forestry.)

It was a sudden awakening when our son came home to tell us that he had discovered a strip of land staked out for a road, in towards the outermost forests of the Pearl River area and very close to the mountain. A road into virgin land where thus far only reindeer-breeding Sami and the descendants of settlers had gained their livelihood. The Jokkmokk Section of the Swedish Society for Nature Conservation, founded on the initiative of the above-mentioned dreamer, got started, joined its forces with Tuorpon Sami Village, in the same way as the previous time when Sitojaure was threatened, got the Swedish Environmental Protection Agency involved, and called on the Government. Finally, after lengthy negotiations with the Swedish Forest Service, later the National Property Board, all this resulted in the "Pearl River Nature Reserve"!

And now our schoolteacher, who is an old man, proud but also humble, considering how the powers of destiny work, is sitting looking out over the wilderness up here at the sources of the Pearl River. He is thinking thankfully about the blackbird in the backyard down there in the big city, which tirelessly for a whole spring once urged him to " let his dream be fulfilled!

Utsikten från Saltoluokta turiststation mot nordväst. April 1995. /View from Saltoluokta tourist station towards the north-west. April 1995.

Lappland i bild

Ta gärna med Dig kameran när du vandrar i fjällen – i synnerhet när du besöker Lappland. Få områden i den svenska fjällvärlden bjuder den fotointresserade så stora möjligheter till bildskapande som de nordligaste delarna av vårt land. Men låt dig inte luras av de snarfagra scenerna. Det är lätt att bli bländad av det storslagna och romantiska. Vackra solnedgångar i all ära, men stämningsfulla bilder ger ofta väldigt lite av landskapet. Motiv som vid första anblicken kan verka intressanta blir många gånger en besvikelse när filmen framkallats. De första dagarnas fotograferande i fjällen ger ofta ett nedslående resultat – medelmåttiga bilder utan substans och känsla. Så låt bildhungern vakna långsamt under dina veckor i fjällen - det tar i regel några dagar innan man blir bekant med sin omgivning. En naturlig acklimatisering på platsen ger oftast en bättre blick för det specifika i landskapet.

Utöver den konstnärliga fallenheten kan bildseendet även utvecklas genom träning, något som förr eller senare ger resultat i form av en högre kvalitet – tekniskt såväl som bildmässigt. Generellt gäller dock alltid grundregeln - förenkla motivet så mycket som möjligt, betona det väsentliga och eliminera det ovidkommande. Detaljer och utsnitt av landskapet ger många gånger mer än de stora vyerna. Så låt bilderna bli en berättelse över dina veckor i Lappland – ett dokument som återspeglar dina intressen och särkunskaper. Försök även i möjligaste mån disponera framställningen så innebörden blir klar för den oinitierade betraktaren.

Och glöm inte: drivkraften bakom allt fotograferande bör vara viljan att göra egna minnesbilder. Fotografierna hjälper dig att minnas – återväcker dina upplevelser och tankar, från den gången när du stod där med Lappland under din fötter. Eller som vår främste fjällfotograf genom tiderna, Tore Abrahamsson (f 1928) uttryckte det: - en dålig bild är alltid bättre än ingen bild alls.

Ja, i en tid när "rosenlundarna *" allt mer breder ut sig bland dagens naturfotografer, är det en befriande känsla att ta del av Tore Abrahamssons och Edvin Nilssons (f 1928) bildverk från Lappland, där det svartvita materialet ännu får komma till heders. De senaste årens snabba utveckling inom färgfotografering har i många fall utvecklats till ett frosseri i färger och arrangerade bilder. Till skillnad från Gustaf Rosenbergs svartvita foton, där varje ton i det nordiska ljuset återgavs korrekt, arbetar många av dagens fotografer med specialfilter för att förstärka färgerna - bilder tagna i grynings- eller skymningsljus för att ge landskapet en extra touche av det måleriska. Gärna med en lykta tänd i tältet under blå timmen för att ytterligare förstärka det konstnärliga greppet, men när man väl lagt ifrån sig dessa storslagna bildverk kommer man aldrig mer att möta det landskapet. Att ta del av dessa glättiga illustrationer är som att ta del av turistreklamens förljugna propaganda. Man skall således inte låta sig vilseledas av de praktfulla vyerna – de speglar vanligtvis endast en liten del av verkligheten. Naturen är sällan så skarp och tillrättalagd som många av dessa fotografer vill göra gällande.

För många år sedan anlände jag en natt till indianreservatet Monument Valley i Utah. I väntan på dagningen stannade jag vid entrén för att invänta dagsljuset. Så snart de första solstrålarna färgade sandstensmonoliternas toppar röda, rasslade slutarna bakom varje buske och sten. Efter någon minut kröp ett tiotal fotografer fram – dammade av sig smutsen från kläderna, vek ihop sina stativ och plockade samman kamerautrustningarna. Sedan drog de vidare till nästa naturreservat. Dessa fotografer hade bara ett mål - att fånga det korta ögonblicket när landskapet exponerades i ett för tillfället säljbart ljus.

I början av 1970-talet gjorde jag själv experiment i fjällen med liknande exponeringar – med känt resultat - vackra och insmickrande bilder utan större värde. Om man kan tala om "hötorgsfotografering" så gäller det i hög grad dessa publikfriande bilder, där upphovsmännen ofta ser sig själva som landskapets verkliga uttolkare - många gånger utan att besitta några nämnvärda konstnärliga kvalitéer. Självförtroende saknade i varje fall inte dessa bildskapare.

Sommarnatt över Hornavan – Sveriges djupaste insjö.
Summer night at the lake Hornavan – the deepest lake in Sweden.

Övre bilden till höger: Från Galtisbuouda (800 m). Juli 1976.
Upper photo on the right: From Galtisbuouda (800 m.). July 1976.

Nedre bilden: Från Akkelisbuouda (784 m). Juli 1981.
Lower photo: From Akkelisbuouda (784 m.). July 1981.

*En bildsyn uppkallad efter fotografen Carl Gustaf Rosenberg (1883-1957)
– framförallt verksam i Svenska turistföreningens årsböcker under 1920-30-40-talet

Övre bilden: Sommarnatt över Langas: från Puollamtjåkkå (704 m) mot nordväst med de snötäckta topparna i Kallaktjåkkåmassivet i fonden. Juni 1997. /Upper photo: A summer night at Langas: from Puollamtjåkkå (704 m.) towards the northwest, with the snow-clad summits of the Kallaktjåkkå Massif in the background. June 1997.

Bilden i mitten till höger: Sommarafton vid sjön Statak med Sorjoscohkkamassivet (1702 m) i fonden. Aug 1974.
Middle photo on the right: A summer evening at Lake Statak, with the Sorjoscohkka Massif (1,702 m.) in the background. Aug. 1974.

Bilden till höger: Gryningsljus
över Sulitelmas glaciärer.

Photo on the right: The light of
dawn over Sulitelma´s glaciers.
July 1972.

Ivan Åström (1929-1996) Allavare, under en paus på vedbacken. /Ivan Åström (1929-1996) of Allavare, during a break on his firewood patch. Feb. 1978.

Valle Johansson Laisvallby, kör hem vinterveden. /Valle Johansson of the Village of Laisvall, driving home firewood for the winter. Feb. 1992.

Lapplands fjälltrakter har sedan länge varit befolkade av samer och småbrukare – inbyggare vars liv och arbete satt sina spår i "vildmarken". Bakom varje landskap finns en berättelse - en vardag som ligger förborgad för den oinvigde. För att få fotfäste i en landsdel måste man först lära känna bygdens historia, ta del av områdets kulturbetingade sevärdheter och bli förtrogen med lokalbefolkningens tankar och seder. Ett landskap är alltid besjälat av sina minnen - händelser, platser och namn som speglar bygdens historia och associerar till myter och legender som påverkar vår syn på landskapet.

Det är möjligt - för att inte säga troligt - att det inte i ord och bilder går att fånga Lapplands själ och innersta väsen. Och finns det något jag ångrar från alla mina fotografiska resor i Lapplandsfjällen, är det all den tid som ödslats på ytliga bilder av fjälltoppar och vackra vyer – dyrbara timmar som kunde ha ägnats till dokumentation av den sista kvarvarande generationen genuina fjällbor som ännu levde kvar i sina stugor och visten vid 1960-talets början. När jag ser tillbaka på mitt eget bildmaterial, grämer det mig fortfarande att så mycket film och energi ödslats på meningslösa landskapsbilder. Fjäll- och naturbilder ligger travade på varandra i stora högar, vackra illustrationer utan något historiskt värde.

När man därefter tar del av Sune Jonssons (f 1930) bok "Album" blir man nästan deprimerad, inte på grund av Sunes bilder – utan snarare vid en jämförelse med det egna bildarkivet. I den ena svartvita bilden efter den andra bjuder han läsaren på en dokumentation av ett slag vars make vi länge får söka efter.

Sune Jonsson är landets i särklass främste dokumentärfotograf genom tiderna. Hans fotografiska livsgärning besitter kvalitéer som knappast kan överskattas. För i samma ögonblick som man slår upp någon av hans böcker och tar del av denna mästerliga dokumentation, förstår man hur fel man själv disponerat sin tid – hur dagarna förspillts på meningslösa avbildningar av utsikter och fjällmassiv. Dyrbar tid som med kraft och energi borde ha ägnats åt viktigare saker i livet: medmänniskorna i vår omgivning. Men i dagens samhälle verkar det snarare som djur och natur står högre i kurs än människorna i glesbygden, befolkningen som under knappa omständigheter slitit och offrat sin hälsa för en knapp bärgning i en kärv men storslagen natur. Småbrukare som nu kan se tillbaka på ett liv utan större uppskattning från sin omgivning.

Av en händelse fick jag två böcker med anknytning till Lappland i min hand under slutet av år 2000, den ena med gamla svartvita bilder från samernas liv och den andra med stora panoramabilder över våra mäktigaste fjällområden Sarek och Kebnekaise. Det slog mig genast hur oändligt mycket värdefullare det äldre svartvita bildmaterialet stod i förhållande till de intagande storformatsbilderna. Det mesta av det svartvita bildmaterialet bestod av medelmåttiga amatörbilder – för oss fotointresserade en historisk bildskatt som vida överträffar det glamorösa färgmaterialet.

Låt oss hoppas att vi får se mer av den dokumentära bil -

Albertina Nilsson (född Andersson 1906) Ammarnäs. Aug 1996.

Albertina Nilsson (née Andersson, b. in 1906) of Ammarnäs. Aug. 1996.

Per Andersson (1896-1989), lantbrevbärare 1924-1957 på sträckan Långudden-Västerfjäll i Piteälvens övre dalgång. Aug 1983.

Per Andersson (1896-1989), rural postman from 1924-1957 on the stretch Långudden-Västerfjäll in the upper valley of the Pite River. Aug. 1983.

den i framtiden. Att nästa generation fotografer och filmare återupptäcker människan i sin hemmamiljö som motiv. Att den svartvita bildens status får en återupprättelse bland dagens bildskapare. Till sist men inte minst: Vi får inte glömma att fotografins historia i Lappland är de publicerade bildernas berättelse. Personligen känner jag åtminstone ett dussin "fotografer" som håller minst lika hög kvalité på bildmaterialet som många av de upphaussade bildskapare som nu breder ut sig i press, tidningar och televisionen.

119

Drakryggen 1821 m i Kebnekaisefjällen. Sept 1977.
Drakryggen (1,821 m.) in the Kebnekaise Mountains. Sept.1977.

Pierikpakte (1789 m) från Favoritplatån.

Nedre bilden: Det arktiska Lappland:
Glaciärsprickor i Pierikjekna. Sept 1969.

Pierikpakte (1,789 m) from Favoritplatån.

Lower photo: Arctic Lapland: Glacier crevasses at Pierikjekna. Sept. 1969.

Från Favoritkammen (1806 m) mot Piellorieppemassivet i Sarek. Sept 1969.
From Favoritkammen (1,806 m.) towards the Piellorieppe Massif in Sarek. Sept. 1969.

121

Lapland in pictures

Do not hesitate to bring your camera with you when you wander in the mountains – particularly when you visit Lapland. Few areas in the Swedish world of mountains offer those interested in photography such excellent opportunities to take beautiful photographs as do the northernmost parts of our country. However, do not let yourself be lured by scenery of banal beauty. It is easy to be dazzled by the magnificent and the romantic. With all due deference to beautiful sunsets, sentimental pictures often depict extremely little of the landscape. Motifs that at first sight may seem interesting often become a disappointment when the film has been developed. The result of one's first days of taking photographs in the mountains is often discouraging – mediocre pictures lacking in substance and feeling. Therefore, let your hunger for photographs awaken slowly during your weeks in the mountains – as a rule it takes a few days before you become acquainted with your surroundings. A natural acclimatisation on the spot often gives you a sharper eye for the specific characteristics of the landscape.

In addition to originating in artistic talent, the ability to see a good picture can also be developed through training, which sooner or later will give results in the form of higher quality – both technically and pictorially. Generally speaking the following basic rule always applies, however – simplify the motif as much as possible, emphasise the essential and eliminate the irrelevant. Details and slices of the landscape often give more than the grand views. Consequently, let your pictures become a narrative about your weeks in Lapland – a document that reflects your interests and special knowledge. Moreover, try as far as possible to plan your depiction in such a way that the meaning becomes clear for the uninitiated observer.

In addition, do not forget that the motive force behind all photography ought to be the desire to create your own mementoes. Photographs help you remember – reawaken your experiences and thoughts, from the time when you stood there with Lapland beneath your feet. Or, as our foremost mountain photographer of all times, Tore Abrahamsson (b. in 1928), expressed it, "a poor picture is always better than no picture at all".

Well, in a time when the "rosy grove photographers*" are becoming more and more prevalent among the nature photographers of today, it is a relief to acquaint oneself with Tore Abrahamsson's and Edvin Nilsson's (b. in 1928) illustrated works on Lapland, where the black-and-white material is still given a prominent position. The rapid development in colour photography in recent years has in many cases led to a revelling in colours and arranged pictures.

In contrast to Gustaf Rosenberg's black-and-white photographs, where every tone of the Nordic light was reproduced correctly, many of today's photographers work with special filters to reinforce the colours – taking pictures in the light of dawn or dusk to endow the landscape with an extra touch of the picturesque. Preferably with a lantern lit in the tent during the blue twilight hour, to reinforce the artistic touch further. However, once one has put these magnificent illustrated works away, one will never again experience that landscape. Looking at these glossy illustrations is like being exposed to the dishonest propaganda of tourist advertisements. Consequently, one should not allow oneself to be misled by the splendid views – they usually mirror only a small part of reality. Natural scenery is seldom so distinct and arranged as many of these photographers depict it to be.

Many years ago I arrived one night at the Monument Valley Indian reservation in Utah. Waiting for the dawn, I stood at the entrance to be able to see daylight breaking. As soon as the first rays of sunlight coloured the tops of the sandstone monoliths red, the shutters clattered behind every bush and rock. After a few minutes, about ten photographers crept out - dusting the dirt off their clothes, folding up their tripods, and gathering their camera equipment together. Then they moved on to the next nature reserve. These photographers only had one goal – to capture that short moment when the landscape was exposed to a light that was marketable just then.

At the beginning of the 1970s I myself experimented in the mountains with similar exposures – and the results are known – beautiful and seductive photographs without greater value. If it is possible to speak of "kitsch photography", then this epithet is highly applicable to such photographs, which pander to the public and whose creators often see themselves as the real interpreters of the landscape – often without possessing any artistic qualities of any note. The creators of these pictures do not lack self-confidence at any rate.

The mountain districts of Lapland have for a long time been populated by Sami and small farmers – inhabitants whose lives and work have left their marks on the "wilderness". Behind every landscape there is a story to tell – an everyday reality that remains concealed to the uninitiated. To gain a foothold in a district, one must first become acquainted with the local history, experience the sights of cultural value in the district, and become familiar with the thoughts and customs of the local population. A landscape is always animated by its memories – events, places and names that mirror the history of the district and are associated with myths and legends which influence our view of the landscape. It is possible – if not probable – that one cannot in words and with photographs capture the essence and soul of Lapland. And if there is anything that I regret concerning all my photographic expeditions in the mountains

A breed of photographers named after the photographer Carl Gustaf Rosenberg (1883-1957) – particularly active in the Yearbook of the Swedish Touring Club during the 1920s, '30, '40s.

Bilden till vänster: Christer Ågran (f 1944) Boden, under en stillsam kontemplation vid Staddajåkkå i Padjelanta. Aug 1969.

Photo on the left: Christer Ågran (b. in 1944) of Boden, in tranquil contemplation at Staddajåkkå in Padjelanta. Aug. 1969.

Nedre bilden: Kallaktjåkkåmassivet (1810 m) från Autajaure med det nedre fallet från Sitasjaure. Juli 1973.

Lower photo:The Kallaktjåkkå Massif (1,810 m.) from Autajaure, with the lower waterfall from Sitasjaure. July 1973.

Ivan Bergdahl (f 1929) Härnösand, den främste nu verksamme fjällmålaren i Sverige. Hans oljemålningar är en blandning mellan Helmer Osslund (1866-1938) och Vincent van Gogh (1853-1890)- Anslaget är årstidernas växling, där sjöar, älvar och forsar ger lanskapets monumentala storhet liv och spänning.

Ivan Bergdahl (b. in 1929) of Härnösand is the foremost of the mountain painters now active in Sweden. His oil paintings are a mixture of Helmer Osslund (1866-1938) and Vincent van Gogh (1853-1890). His main theme is the changes of the seasons, in which lakes, rivers and rapids provide the monumental grandeur of the landscape with life and excitement.

Bilden till höger: Konstnären Ivan Bergdahl lägger upp en ny duk i Laisdalen. Nov 1988.

Photo on the right: The artist Ivan Bergdahl is putting up a new canvas in Laisdalen. Nov. 1988.

Höstvinter vid Palkatjauratj med Pårtemassivets toppar i kvälls-ljus. / Early winter at Palkatjauratj with the summits of the Pårte Massif in the evening light. Oct. 1973.

Övre bilden till vänster: Lars Larsson (1887-1984) Häika. Nov 1977.
Upper photo to the left: Lars Larsson (1887-1984) Häika. Nov. 1977.

Nedre bilden till vänster: Tore Abrahamsson (1928) på toppen av Kallaktjåkkå (1810 m) / Lower photo to the left: Tore Abrahamsson (b. in 1928) on the summit of Kallaktjåkkå (1,810 m.) July 1973.

Övre bilden till höger: Kammen mellan Kebnekaises Syd- och Nordtopp. / Upper photo on the right: The ridge between Kebnekaise's Southern and Northern Summits. Aug. 1966.

Övre bilden: Från Vassjapakte (1735 m) i Sarek över Njåtjosvagge mot norr. / Upper photo: View from Vassjapakte (1,735 m.) in Sarek over Njåtjosvagge towards the north. May 1974.

Bilden till höger: Utsnitt av deltalandet i sjön Laitaure från fjället Skierfe (1179 m). / Photo on the right: A segment of the delta landscape in the lake Laitaure from Mount Skierfe (1,179 m.). May 1969.

Övre bilden: Kebnekaisefjällen - Molnen väller in över topparna Kaskasatjåkka (2076 m) och Kaskasapakte (2038 m). I förgrunden Pyramiden (1900 m) och Knivkammen (1878 m). Sept 1977. / Upper photo: The Kebnekaise mountains - Clouds rushing in over the summits of Kaskasatjåkka (2,076 m.) and Kaskasapakte (2,038 m.). In the foreground Pyramiden (1,900 m.) and Knivkammen (1,878 m.). Sept. 1977.

Bilden till vänster: Nysnö över Pyramiden (1900 m) och Knivkammen (1878 m) i Unna Räitavagge.

Photo on the left: Newly-fallen snow on Pyramiden (1,900 m.) and Knivkammen (1,878 m.) in Unna Räitavagge. Sept. 1977.

Bilden till höger: Sveriges högsta fjäll Sydtoppen av Kebnekaise (2114 m). Mars 1977.

Photo on the right: The highest mountain in Sweden: The Southern Summit of Kebnekaise (2,114 m.). March 1977.

Över den vackra fjällsjön Laitaure ser man den klassiska silhuetten av de välbekanta kulissbergen mot Sarek. Juni 1968.
Over the beautiful Lake Laitaure one can see the classic silhouette of the well-known mountains that form a side-scene towards Sarek. June 1968.

Våren bryter ut längs Piteälven. Det heliga fjället Passåive (812 m) speglar sig i Akajaure. Maj 1993.
Spring breaking out along the Pite River. The holy mountain Passåive (812 m.) is reflected in Akajaure. May 1993.

of Lapland, it is all the time that I have wasted on meaningless photographs of mountain tops and beautiful views – valuable hours that could have been devoted to the documentation of the last remaining generation of genuine mountain inhabitants, who still lived in their cottages and Sami camps at the beginning of the 1960s. When I look back on my own photographic material, it vexes me still to think that so much film and energy have been wasted on meaningless landscape photographs. Photographs of mountains and natural scenery are lying stacked up in large piles, beautiful illustrations without any historical value. When one then peruses Sune Jonsson's (b. in 1930) book "Album", one almost feels depressed, not on account of Sune's photographs, but rather when making a comparison with one's own collection of photographs. In the one black-and-white photograph after the other, he invites the reader to enjoy a documentation of a kind whose parallel is extremely difficult to find. Sune Jonsson is the most outstanding documentary photographer of all time in Sweden. His photographic life-work possesses qualities that can scarcely be overrated. For at the same moment as one opens any of his books and studies this masterly documentation, one understands how wrongly one has utilised one's own time – how one's days have been misspent on meaningless depictions of views and massifs. Valuable time which with vigour and energy ought to have been devoted to more important things in life, namely the people in the world around us. However, in the society of today it rather seems that animals and natural scenery are rated more highly than the population of sparsely populated areas, those people who in meagre circumstances have toiled and sacrificed their health for a barely sufficient livelihood in a harsh but magnificent countryside. Small farmers who can now look back on a life without any greater appreciation from their surrounding world.

By chance, at the end of the year 2000, I happened to have in my hands two books which had Lapland as their theme. One of them contained old black-and-white photographs portraying the life of the Sami, while the other contained large panorama photographs of our most majestic mountain areas, Sarek and Kebnekaise. It struck me immediately how infinitely more valuable the older black-and-white photographic material was in comparison with the captivating large-size photographs. Most of the black-and-white material consisted of amateur photographs of middling quality. However, for those of us who are interested in photography, they represent an historical photographic treasure that surpasses the glamorous colour material by far.

Let us hope that we will be able to see more of the documentary photograph in the future. That the next generation of photographers and film-makers will rediscover people in their home environment as motifs. That the status of the black-and-white photograph will be restored among today's creators of photographs. And last but not least – we must not forget that the history of photography in Lapland is composed of the stories told by the photographs published. Personally I know at least a dozen "photographers" whose material maintains as high a quality, at least, as that of many of the creators of photographs who are widely advertised and are now commonly figuring in the press and on television.

Rapadalen - här öppnar sig inkörsport till Sveriges i särklass vackraste fjälldal. Ingen plats i den svenska fjällvärlden kan i skönhet mäta sig med den syn som möter vandraren under båtresan en vacker sommardag över Laitaures deltaland.
Rapadalen - here opens the gateway to the most beautiful mountain valley in Sweden by far. There is no place in the Swedish world of mountains that can compare with the beautiful sight that meets the rambler during the boat trip across Laitaure's delta landscape on a wonderful summer day. July 1969.

Fjällfotografins mästare

Kameran som följeslagare under turer i fjällen har gamla anor i Lappland. Landskapsfotografin i Sverige utvecklades snabbt kring sekelskiftet 1900 och varje fjällvandrare med självaktning bar kamera under vandringar eller bestigningar av högre fjälltoppar. Så tidigt som 1896 fastslog geologen och lapplandsforskaren Fredrik Vilhelm Svenonius (1852-1928), att "numera börjar fotografiapparaten med rätta att räknas till viktiga utrustningsartiklar vid fjällturer."

Han talade med fog om apparater, eftersom dåtidens vidunder till kamerautrustningar knappast var jämförbara med dagens moderna småbildskameror. Svenonius, som var duktig fotograf och en av pionjärerna bland svenska fjällfotografer, konstaterade dock i samma andetag: "Taflor och fotografier kunna ju förträffligt återgifva fjällens utseende och konturer, men det mäktiga, uppfriskande intryck på själen, som de göra ute i naturen, kan bilden aldrig framkalla..."

Den förste fotograf som reste i Lappland och fångade landskapsvyer och människor på bild, var märkligt nog inte någon hårdför fjällkarl eller yrkesfotograf, utan en späd kvinna: friherrinnan Carolina Charlotta Mariana von Düben (1828-1915) som 1868 inför resan till norra Sverige av en släkting blivit instruerad hur en fotoutrustning skulle skötas. Hennes bilder skulle bli historiska.

En annan föregångsman bland dåtidens fjällfotografer var professor Axel Hamberg (1863-1933) som gjorde sin första Sarektur sommaren 1895. Han kom sedermera att helt ägna sin livsgärning åt forskningen av dessa fjälltrakter och utgav 1922 boken "Sarekfjällen Vägledning för färder i högfjällen mellan Lule älvs källarmar", som blev något av en klassiker i svensk fjällitteratur.

Yrkesfotograferna Borg Mesch (1869-1956) Kiruna och Ludvig Wästfelt (1883-1957) Jokkmokk, har gått till historien för sin dokumentation av natur och människor i Lappland. En stor del av Ludvig Wästfelts bilder har dock gått förlorade. En vårdag 1923 lastade han skidkälken med över 2000 glasplåtar tagna under hans första år som fotograf i Jokkmokksfjällen. Utrymmet i den lilla ateljén i Jokkmokk krävde att mycket av det äldre bildmaterialet nu måste ge plats för nytagna foton. Med hjälp av sönerna Nils (1913-1991) och Kurt (f 1917- 1999) drog man "skräpet" ner till Luleälven strax under Kaitumfallet där en större vak bildats i det strömmande vattnet. Här dumpades – det som senare skulle visa sig vara - en värdefull och oersättlig fotosamling som avfall. Ett av 1900-talets viktigaste tidsdokument från Lappland gick förlorad för att aldrig kunna ersättas.

Den andre och mer namnkunnige fotografen Borg Mesch behöver knappast någon presentation - hans insatser bakom kameran är välkända och dokumenterade. Han kom till Kiruna den 3 oktober 1899, fascinerades av platsen och det omgivande fjällandskapet och blev kvar. Det var inte i första hand för sina skarpa bilder som Borg Mesch blev känd – utan snarare för den dokumentation av Kirunas tillblivelse han förevigade med kameran.

Att denne föregångsman i fjällsammanhang även fått en fjälltopp (Borgtoppen 1963 m) uppkallad efter sig i Akkamassivet är möjligen inte för alla bekanta. Borg Mesch var något av en äventyrare och tillika medlem i "De lappländska fjällkarlarnas klubb", en förening verksam under åren 1920-1968. Huruvida han även var med och utformade stadgarna till villkoren för medlemskap i detta hårdföra sällskap känner jag inte till. Dessa var dock rigoröst utformade och för inval i klubben krävdes bland annat: att inom det lappländska fjällområdet ha gjort eller deltagit i minst två fjällfärder vintertid av en arghet, karaktäriserad av livsfara eller oundviklig kroppsskada till följd av strapatser; att före någon annan ha bestigit en topp över 1 200 m höjd; att ha utfört färd ovan trädgränsen av minst 80 km längd eller minst tre dygns varaktighet; eller att ha utfört annan med de förutnämnda jämförlig prestation.

Konstnären, etnografen och författaren Ossian Elgström (1883-1950) skrev 1929 den första monografin över Borg Meschs liv och äventyr.

De första fotopionjärerna skulle få många efterföljare. Svenska Turistföreningen (vars bildande Fredrik Wilhelm Svenonius var med om 1885) kom att spela en framträdande roll vid dokumentationen av fjällvärlden, en utveckling STF oavbrutet följde och redovisade i en lång kedja av årsböcker och tidskrifter, där ett flertal välkända fotografer fick utrymme att publicera sina bilder.

Bland mindre kända fotografer kan nämnas Gösta Lundquist (1905-1952) som 1952 utkom med boken "Lappland", samt naturfotografen och filmaren Stig Wesslén (1902-1987) som blev den förste i Sverige att fotografera björn i vilt tillstånd. Stig Wessléns namn nämns numera oftast i samband med hans dokumentärfilmer från samernas liv.

En anan kompetent fotograf var sameforskaren Ernst Manker (1893-1972) Stockholm, vars svartvita bilder från Lappland är kulturhistoriska tidsdokument av bestående värde.

Förutom Manker var många bygdefotografer verksamma i Lappland. Längs Vindelälvens dalgång gjorde Robert

Lundgren (1880-1950) Häggås, en kulturgärning av bestående värde, genom sin dokumentation av samer och nybyggare under 1910-20-talet. Oöverträffad för sin tid var naturfotografen Svante Lundgren (1913-1988) Skutvik. Han blev 1940- och 50-talets store skildrare av svenska fjäll och vildmarker. Med sin praktfulla bok "Sarek" som utkom 1946 befäste han definitivt sin ställning som Sveriges främste fjällfotograf.

- Aldrig hade Lapplands natur och fågelliv skildrats så mästerligt i ord och bild, skrev lyriska bokrecensenter.

Svante Lundgren var en allsidig fotograf som inte bara fångade vackra fjällvyer, utan skildrade även de stora tundramarkerna, skogsområdena och myrlandet i norr med samma inlevelse. Möjligen var hans enda stora brist som naturskildrare - enligt samstämmiga fjällbor - att han inte var någon "riktig fjällkarl", det vill säga en som gjorde fjällturer även mitt i smällkalla vintern.

Bland många av dagens unga fotografer finns en uppfattning att knivskarpa bilder är ett måste i alla sammanhang – vilket är helt missvisande. Jag har ofta bläddrat i stora internationella praktverk med illustrationer så skarpa att det nästan gjort ont att beskåda dessa mästerligt fångade vyer. Men lika ofta har jag slagits av den tomhet dessa storslagna bildverk lämnat efter sig, när jag väl lagt boken ifrån mig. Var och en av bilderna kan i sig vara mästerverk - välkomponerade och fångade i udda ljus - men helheten har oftast gått förlorad. Verklighetens naturupplevelser är sällan knivskarpa eller färgsatta med spotlights, varför dessa bilder ofta ger en skev bild av verkligheten!

En noggrann studie av fotografen Edvin Nilssons (f 1928) Sarekböcker är i detta sammanhang av stor vikt. Om det är något som kännetecknar hans illustrationer - inte är det skarpa och alltid välkomponerade bilder. Men där finns något annat; ögonblicket, atmosfären och känslan för naturen förmedlade av en fjällkarl som känner vildmarken inifrån - dess natur, djur och växtliv. Edvin Nilsson blev också den förste att i bild dokumentera natur och djurliv inom Laponiaområdet under årets alla månader.

En milstolpe i svensk naturfotografi blev Tore Abrahamssons (f 1928) bilder i början av 1960-talet. Han kom att bli den store förnyaren av svenskt fjällfotografi med sina grafiska och hårt kopierade svartvita höstbilder. Tore kom även att bli den förste som mer konsekvent gick in för att utnyttja vidvinkelobjektivet vid landskapsfotografering i fjällen och kan betraktas som landets ledande fjällfotograf under 1900-talets andra hälft.

Det märkliga med fotografen Tore Abrahamsson är att hans skrivna material överträffar det fotografiska vilket dock inte är liktydigt med att svenskt landskapsfotografi står på en låg internationell nivå. Tvärtom så hävdar sig svenskt bergsfotografi väl i konkurrensen med många utländska storheters bilder.

Århundradets fjällbok åstadkom fotografen Sven Hörnell (1919-1992) Riksgränsen. Han vigde sitt liv åt fjällen och med Hasselbladskameran som främsta verktyg dokumenterade han det sköna Lappland under alla årstider. Sven Hörnells praktverk "Mitt Lappland" blev något av ett testamente över 40-års verksamhet i fjällen. Många har sökt kopiera hans koncept – men ingen har ännu lyckats överträffa hans mästerverk.

Lappar i sommarviste 1924: Pietar Anu och Kati Spik. Foto Ludvig Wästfelt.
Sami at a summer camp in 1924: Pietar Anu and Kati Spik. Photo Ludvig Wästfelt.

The masters of mountain photography

Indeed there is a long tradition of mountain photography in Lapland. Landscape photography developed quickly in Sweden around the turn of the century, and all self-respecting mountain tourists brought a camera with them on hikes or ski trips, or when climbing high mountain peaks. As early as 1896 the geologist and Lapland researcher Fredrik Vilhelm Svenonius (1852-1928) declared that "nowadays photographic apparatus [was] rightly beginning to be regarded as an important item of equipment for mountain tours". There was good reason for Svenonius to use the term "apparatus" as the cameras of his day were real monsters, hardly comparable with the modern minicameras of today. Svenonius, who was a skilful photographer and one of the pioneers of Swedish mountain photography, declared, however: "Paintings and photographs can provide splendid reproductions of the appearance and contours of the mountains, but the powerful and refreshing impression that these make on the soul in reality can never be evoked by a picture..."

The first photographer to travel in the Lapland area and capture landscape views and portraits on film was, strangely enough, neither a tough man of the mountains nor a professional photographer, but a tender woman, Baroness Carolina Charlotta Mariana von Düben (1828-1915), who in 1868 was instructed by a relative how to handle photographic equipment before her first journey to Lapland. Her pictures were to become historic.

Another pioneer among the mountain photographers of his day was Professor Axel Hamberg (1863-1933), who made his first tour of Sarek in the summer of 1895. He was later to devote his whole life to research concerning this mountain region and in 1922 published a book entitled "The Sarek Mountains - a guide for journeys in the high mountains between the source streams of the Lule River" [in Swedish], which rather became a classic of the literature on the Swedish mountains.

The professional photographers Borg Mesch (1869-1956) of Kiruna and Ludvig Wästfelt (1883-1957) of Jokkmokk, who were two real pioneers, made history through their documentation of nature and people in Lapland. A large part of Ludvig Wästfelt's photographs have, however, been lost. On a spring day in 1923, Ludvig Wästfelt loaded a ski-sledge with more than 2,000 glass plates taken during his first years as a photographer in the Jokkmokk Mountains. Due to the limited space in his small studio in Jokkmokk, he had to get rid of many of his old photographs to make room for the recently taken ones. With the help of his sons, Nils (1913-1991) and Kurt (1917-1999) the "rubbish" was drawn down to the Lule River, just

below the Kaitum Waterfall, where a larger hole had formed in the ice in the flowing water. Here they dumped as rubbish what was later to be judged as a valuable and irreplaceable photographic collection. One of the 20th century's most important collections of historical photographic material from the Lapponia area was thus lost, never to be replaced.

The second of these pioneering photographers, Borg Mesch, is more famous and scarcely needs any presentation - his skilful use of the camera is both renowned and well documented. He came to Kiruna on 3 October 1899, was fascinated by the place and its surrounding mountain landscape, and remained. It was not primarily for the sharpness of his photographs that Borg Mesch became renowned, but rather for his documentation of the birth of Kiruna, which he immortalised with his camera. However, it is possible that everyone is not acquainted with the fact that this pioneering mountain photographer has even had a peak called after him - Borgtoppen (1,963 m.), situated in the Akka Massif. Borg Mesch was quite an adventurer and a member of the "Club of the Lapland Mountain Men", an association that was active during 1920-1968. Whether or not he also participated in drawing up the

terms of membership, as specified in the regulations of this tough association, is unknown to me. The terms were, however, rigorous, and election to the club demanded, for example, that the candidate should, in the mountainous region of Lapland, have completed or participated in at least two mountain tours in wintertime, of a severity characterised by mortal danger or inevitable physical injury as a result of the hardships involved; that the candidate should have been the first to climb a peak higher than 1,200 m., should have completed a tour above the tree-line of a length of at least 80 km or of a duration of at least three days and nights, or accomplished another feat comparable to the above-mentioned. The first pioneering photographers were to have many successors. The Swedish Touring Club (of which Fredrik Wilhelm Svenonius was one of the founder members in 1885) came to play a prominent role in the documentation of the great mountains of Lapland, through the continuous publication of a long series of annuals and magazines where several well-known photographers got the opportunity to publish their pictures. Among the less known photographers who produced work of lasting value can be mentioned Gösta Lundquist (1905-1952), who published a book entitled "Lapland" in 1952. As well as the nature photographer and film-maker Stig Wesslén (1902-1987), who was the first in Sweden to photograph bears in the wild. Nowadays the name of Stig Wesslén is most often mentioned in connection with his documentary films on the life of the Sami.

Another skilful photographer was Ernst Manker (1893-1972) of Stockholm, who performed research on the Sami and whose black-and-white photographs of the Lapland area document the cultural history of his time and possess lasting value. In addition to Manker there were many local photographers active in Lapland. Along the Vindel River Valley Robert Lundgren (1880-1950) of Häggås accomplished a cultural achievement of lasting value, through his documentation of Sami and settlers during the 1910s and 1920s.

Svante Lundgren (1913-1988) of Skutvik was a nature photographer who was unsurpassed by his contemporaries. In the 1940s and `50s he was the greatest depicter of the Swedish mountains and wildernesses. His splendid book "Sarek" [in Swedish] was published in 1946, definitely confirming his position as the foremost mountain photographer of Sweden. - Never had nature and bird life in Lapland been depicted with text and illustrations in such a masterly way, according to the book reviewers, who praised the work in lyrical terms.

Svante Lundgren was a versatile photographer who did not only capture beautiful mountain scenery, but also the great expanses of tundra, forest areas and marshes of the north with the same insight. His only big shortcoming as a depicter of nature was possibly - in the unanimous opinion of the mountain people themselves - that he was not a "real man of the mountains", i.e. did not also undertake mountain tours in the depth of winter. Incidentally, the prevailing opinion among many of the young photographers of today is that extremely sharp pictures are a necessity in all situations, I have often browsed through big and splendid international publications with illustrations that are so sharp that I have almost been

stunned at the sight of these masterly captured scenes - pictures taken with panoramic and large-format cameras, equipped with super-lenses or filters for special effects. But I have just as often been struck by the emptiness which these magnificent illustrated works leave in their wake. Each of the illustrations can in itself be a masterpiece - well composed and captured in an unusual light - but the photographer has often neglected to achieve a holistic perspective on his theme. In reality we seldom experience nature as possessing such extreme sharpness or as being coloured with spotlights, and, consequently, these pictures belong more to the world of advertising than to authentic documentary photography!

In this connection a careful study of the photographer Edwin Nilsson´s (b. in 1928) Sarek books would be extremely fruitful. If there is anything that characterises his illustrations, it is certainly not extreme sharpness and not always excellent composition. But his photographs possess other qualities: a sense of the moment, atmosphere, and a feeling for nature, communicated by a real man of the mountains who is thoroughly intimate with the wilderness - its flora and fauna, indeed nature there in general. Edwin Nilsson was also the first person to photographically document nature in Lapponia (its fauna in particular) during all the months of the year.

A milestone in Swedish nature photography was reached with Tore Abrahamsson's (b. in 1928) pictures at the beginning of the 1960s. He was to become the great renewer of Swedish mountain photography with his graphic and heavily copied autumn pictures in black-and-white. Tore was also to become the first to make consistent use of the wide-angle lens when photographing mountain landscapes, and can be regarded as the leading mountain photographer in Sweden during the second half of the 20th century.

Tore Abrahamsson was remarkable in that his written texts surpassed his photographs, which does not mean, however, that Swedish landscape photography is of poor quality compared with international standards. On the contrary, Swedish mountain photography can hold its own admirably in competition with the work of many great international photographers.

The most remarkable mountain book of the 20th century, however, was produced by another photographer: Sven Hörnell (1919-92) of Riksgränsen. Hörnell devoted his life to the mountains and with the Hasselblad camera as his foremost tool, documented the beauty of Lapland during all seasons - a photographer who for decades was, with certain contempt, referred to as the "picture postcard photographer" by many of his colleagues.

Sven Hörnell´s great masterpiece, "My Lapland", was to represent in many ways the crown of 40 years of photography in the mountains. The photographs in the book constitute the achievement of a lifetime, the major part of the material being aerial photographs, which provide the illustrations with a new and exciting angle of approach. Many of his colleagues were probably surprised by the high quality of the photographic material, when the book was first published in 1981. Many have sought to copy his ideas – but none have yet succeeded in surpassing his masterpieces.

Ludvig Wästfelt (1883-1957)

Nils Thomasson (1880-1975)

Borg Mesch (1869-1956)

Axel Hamberg (1863-1933)

Carolina Charlotta Mariana von Düben (1828-1915)

Fredrik Vilhelm Svenonius (1852-1928)

Fjällfotografins pionjärer

TIDEN FÖRE BEGYNNELSEN kantas av entusiastiska fjällkarlar som i turismens barndom drog fram genom lappmarkerna i jakt på intressanta motiv. Bland pionjärerna som visade oss vägen för fjällfotografins utveckling i Sverige, finner vi en handfull hängivna föregångsmän och en späd kvinna vars fjällbilder blivit historia.

Vi har anledning att minnas och vara stolta över dessa vägröjare, som inte drog sig för att släpa på tunga "instrument" genom svårframkomliga ödemarker. Allt för att finna intressanta utsiktspunkter och pittoreska motiv i tidigare aldrig besökta områden. Storslagna vyer, gruppbilder och exotiska samer dominerar det efterlämnade bildmaterialet.

Pioneers of mountain photography

THE TIME BEFORE the beginning is characterised by enthusiastic men of the mountains who, in the infancy of tourism, advanced through Lapland hunting for interesting motifs. Among the pioneers who showed us the path to the development of mountain photography in Sweden, we find a handful of dedicated forerunners and a tender woman whose mountain photographs have become history. We have reason to remember and be proud of these precursors, who did not hesitate to haul heavy "instruments" across the rough terrain of the wilderness. Their purpose was to find interesting vantage points and picturesque motifs in areas that had previously never been visited. Magnificent views, group portraits and exotic Sami dominate the photographic material left behind.

Ernst Manker (1893-1972)

Svante Lundgren (1913-1988)

Edvin Nilsson (f 1928)

Sven Hörnell (1919-1992)

Tore Abrahamsson (f 1928)

Stig Wesslén (1902-1987)

Fjällfotografins mästare

UR LEDET BLAND fotografer som dokumenterat Lappland, stiger en handfull kameramän fram, som var och en inom sitt område gjort bestående insatser i dokumentationen av norra Sveriges natur och kultur. Bland dessa namnkunniga fotografer finner vi ett flertal av våra främsta kännare av Lappland. Tore Abrahamsson är internationellt vårt mest kända namn i fjällsammanhang – bildmässigt såväl som litterärt står han i en klass för sig. I kölvattnet efter Sven Hörnells oöverträffade praktverk "Mitt Lappland" har en ny generation fotografer i mer eller mindre personligt färgade imitationer gjort sitt bästa för att kopiera hans panorama- och storbildsteknik – utan att lyckas förnya sitt bildspråk.

The masters of mountain photography

IN THE LINE of photographers who have documented Lapland, a handful of men equipped with their cameras stand out, each of whom has in his own area made lasting contributions to the documentation of nature and culture in northern Sweden. In terms of portraying our mountains, Tore Abrahamsson is the name that is internationally most renowned. Both from the photographic and the literary perspective he is in a class of his own. In the wake of the magnificent and unsurpassed work of Sven Hörnell entitled "My Lapland", a great number of new photographers have produced imitations that are more or less personally coloured, trying their best to copy his panorama and large-format technique, without succeeding in renewing their pictorial language.

Abraham Johansson (1891-1984)

Hågkomsten av alla berättarstunder i samevisten, fjällgårdar och småbrukarhem i Lapplands fjälltrakter och glesbygder har satt sina spår – snärjt ens intressen och bjudit på sällsamma upplevelser under resor och besök. Minnet av samvaron bland anspråkslösa vänner, som frikostigt bjudit på sig själva, sina erfarenheter och hågkomster, har etsats sig kvar i minnet – blivit något av de bästa ur bilden av Mitt Lappland...

Well, all the stories told in Sami camps, mountain homesteads and homes of smallholders in the mountain districts and wildernesses of Lapland have left their mark on me – have captivated me and provided me with strange experiences in my travels and during my visits. The memory of time spent with unpretentious friends, who have been generously outgoing, sharing their experiences and recollections, is engraved in my mind and has become the best source of details in my picture of Lapland...

Sommaren är 1970. En klar och vacker morgon, med fjällvråken svävande över gårdstunet, stiger jag in i den röda stugan med de vita knutarna i Vejenäs - ett litet fjällpörte sex dryga men makalöst vackra mil från Arjeplog. Abraham Johansson (1891-1984) - eller Veje-Abraham som han kallades i dagligt tal - sitter vid fönstret och filosoferar medan blicken söker sig ut över Gautosjöns karga stränder. Utifrån det sägenomspunna vattnet stiger och faller storlommens melankoliska rop. Och medan rödingen fräser i stekpannan, berättar Veje-Abraham om tider som har flytt...

Jo, du förstår säger han, tiderna har förändrats som mellan natt och dag. Folk är inte längre som i gammal tid, i dag är det bara pengarna som är avgörande. Förr var man mera hjälpsam, man var inte rädd för att ta i. Det fanns starkt folk i gårdarna runt fjällbygden. En av det starkaste jag minns var en skogslapp vid namn Erik Larsson (1880-1954) från Maskaur. Han kastade en rentjur på 70 kilo över en hel renhage för att demonstrera sin styrka för en annan lapp, som han råkat i luven på. Ja, man kan förstå att den förevisningen måste ha räckt för att avskräcka vilken motståndare som helst från fortsatta våldsamheter.

Det berättas även om skogslappen Erik Larsson, att han bar tre stycken 50-kilos mjölsäckar - sammanlagt 150 kilo - på ryggen i sin hemmagjorda mes i drygt en mil och dessutom en fotogendunk i varje hand. Så under 200 kilo kan det knappast ha vägt. Så nog kan man anta att Erik Larsson var en kraftig bit. Och de som såg honom på äldre dar kan fortfarande vittna om att han gick som om han bar 200 kilo...

Den tiden är nu förbi, när man tvingas bära sådana bördor. Numera finns det ju helikoptrar och bilar för transporter och kommunikationerna mellan fjälldalarna. Förr kunde sådana resor vara vådliga äventyr. Veje-Abraham erinrar sig hur det var när nedre Laisdalen ännu var ett väglöst land. Han minns hur det gick för en god vän när denne rest till Norge för att träffa sin syster.

När han skulle återvända hem fick han en renbog som färdkost, vilken han satte utanpå säcken. På den tiden var det inte vanligt att man lindade någonting omkring köttet. Och när han for från Norge gick han lite vilse, men kom till sist fram till Nasafjället. Där fick han höra en varghop som tjöt så vansinnigt. Då förstod gubben att vargarna höll efter honom. Men han visste av en stor sten och skidade

allt vad han orkade mot stenbumlingen. Han hann bara ta av sig skidorna och ställa sig med ryggen mot stenen, så kom vargskocken - de hade känt väder på köttet. Förs tänkte han kasta säcken och allt ihopa, men hörde en röst som kom inifrån stenen som sa: "Det ska du inte göra." Och han arbetade och slog åt vargarna hela natten tills det började ljusna om morgonen. Fullständigt slut och blöt i svett tog han sig hem på kvällen. Han överlevde äventyret men glömde det aldrig. Stenen känner många äldre till fortfarande.

Numera är det nästan slut med storvilt i skogarna kring Laisdalen. Annat var det förr, menade Abraham med bestämdhet och kastade en längtansfylld blick ut över de forna jaktmarkerna runt stugan. Veje-Abraham fostrades till vildmarkens son. Han levde för jakten och fisket och snart gick ryktet över hela den lappländska fjällvärlden om hans fantastiska jaktäventyr. Abraham Johansson blev något av en legend i sin hemtrakt. Runt Arjeplogsfjällen i centrala Lappland finns det knappast en stuga eller gård, där man inte hört fantastiska historier om denne berömde storviltjägare och vildmarkskämpe.

Han kunde, har jägaren Gunnar Marklund (1905-1978) från Gautosjö berättats för mig, enbart genom att känna på rovdjursspåren, avgöra hur långt borta en björn eller varg fanns från platsen för ett spårfynd. Sedan var det tämligen enkel sak för denne fjällets son, att spåra upp det vilda och med ett välriktat skott sända dem till de sälla jaktmarkerna.

Det fanns en aura kring Abrahams person, som gjorde att även de mest namnkunniga storskyttarna ur jägarskrået, snabbt reducerades till eländiga klåpare vid jämförelse med hans respektlösa hantering av storvilt. Eller kanske måste man, som Ragnvald Marklund (1908-1995) i Gautosjö uttryckte det, som Abraham vara uppfödd på "skogsvilt och fetfisk", för att våga ge sig i kamp med slagbjörn som rivit både får, ren och älg. Nog har jag väl pälsat av en och annan björn i mina dagar, skrockar Abraham belåtet, medan han kastar ett snabbt öga på de gamla "klenoderna" som hänger väl inlåsta i gevärsstället på rumsväggen. Det är nu många år sedan Veje-Abraham hängde bössorna på hyllan för gott. Det var inte bara det att viltet började ta slut - Abraham själv kände mer och mer av åldern. Benen började svikta och synen var inte vad den en gång varit. Visst händer det att jag plockar ner dem ibland, om det finns en hare eller räv i närheten. Men annars är det slut på de stora jakterna. Man har blivit för gammal, konstaterar Abraham med ett vemodigt drag över läpparna, medan han smuttar på det rykande heta kaffet med torkat renkött i. Men han berättar gärna om jakter från yngre dagar och samtalet glider över på hans otaliga äventyr i renskogen - på möten med de stora rovdjuren...

Dessvärre har väl även jag, i likhet med många andra representanter ur jägarskrået, fått vidkännas besvikelser och misslyckanden, erkänner Abraham och plirar illmarigt med ögonen, samtidigt som han tar en tugga av det torkade renköttet. Och det märks tydligt att de grämer honom ännu på ålderns höst, att han inte fick vara hemma den där dagen när varghopen strök förbi husknuten i Vejenäs.

Abraham, som i stort sett bara har en tand kvar, har nu fått ner köttbiten tillsammans med kaffet. Han lutar sig fram över köksbordet och man ser riktigt hur besvikelsen väller över honom, när han med indignation i rösten på sitt kärnfulla och kortfattade språk säger: Plötsligt fick gumman, genom köksfönstret se 17 vargar på isen nedanför stugan. Ingen jägare var hemma, så ulvarna slapp undan med livet i behåll. Nog var det bra synd att man inte var på plats den gången, menade Abraham, som vid ett flertal tillfällen sett vargarnas framfart bland renarna i fjällen.

Här uppe på Korpberget slaktade en vargflock nästan en hel renhjord för Anders Persson-Gunnare, som i det närmaste blev helt utblottad. Berget Garranisvardo - Korpberget - fick sitt namn efter den renmassakern. Vi fick massor av kött den vintern. På den tiden var det vanligt att man tog vara på köttet efter rovdjursrivna renar. De behöver vi inte göra idag, konstaterade Veje-Abraham, som menade att i gammal tid var man illa tvungen. Det fanns för lite mat i stugorna.

Ja, nog fick Abraham uppleva ett och annat under sitt långa liv. Han var i sin krafts dagar, har det anförtrotts mig, den skickligaste skytten i hela trakten. Han innehar följaktligen - som den storviltjägare han var - inofficiellt svenskt rekord när det gäller älgjakt, inte i antalet älgar, men väl i distansskjutning. Han fällde en stor älgtjur på över en kilometers håll medan två häpna kamrater från Arjeplogsbygden såg på. Det låter som en bättre Åsa-Nisse-historia, men det är faktiskt sant. Abraham höjde bössan rakt upp i skyn och försökte räkna ut hur kulan skulle dala ner mot älgen. Han tryckte av ett skott och strax efteråt kunde de två förvånade kompisarna se, hur älgen långt där borta plötsligt sjönk ihop och blev liggande. När vi kom fram, såg vi att kulan tagit rakt i nacken. Hade jag inte haft två vittnen, så hade jag väl aldrig blivit trodd, säger han med glimten i ögat.

Veje-Abrahams äventyr i skog och mark får lätt nutida jaktskildringar att verka som avslaget öl. Tyvärr bandade jag inte alla hans berättelser, vilket innebär att det i det närmaste är omöjligt att återge hans skildringar på ett sätt som ger hans framställningsform full rättvisa. Det är nu många år sedan Veje-Abraham av misstag sköt geten genom ladugårdsväggen. Men det är inte så mycket att orda om. Värre var det när den "nya tiden" även nådde Laisdalen. Abraham skulle i likhet med de flesta andra fjällbor även skaffa sig den moderna tidens fartvidunder - snöskotern. Det höll på att sluta riktigt illa. Han startade en morgon för att köra upp till Vejesjön (en av tjuvfiskarnas favoritsjöar på Abrahams tid) för att lägga ut näten.

Jag tog just inte med mig några kläder på resan - skulle bara bli borta några timmar på en snabbtur. Men när jag kommit ungefär halvvägs till fiskesjön, körde jag över en backe så att snöskotern välte och jag fick in hela benet i skotermattan. När jag sedan drog på gasen kilades foten fast under skoterbandet och jag blev liggande fastklämd vid skotern. Där satt jag i fyra timmar, som räven i en sax och kunde inte komma loss. Som tur var, kom två poliser som var ute på bevakningsuppdrag förbi och fick se mig liggande hjälplös och utmattad under skotern. Det hade annars blivit min död, konstaterade Abraham avslutningsvis.

När han väl kommit igång, var Veje-Abraham en berättare av Guds nåde, med ett originellt ordval och ett språk som smakade både blod och hedendom. Med åtbörder, gester och miner kryddade han sina historier, som i fråga om must och färg, torde ha saknat motstycke i lappmarken. Abrahams berättarkonst var nästan episk - sökte inga poänger och slutade lika tvärt som de börjat. I hans kök fick jag också, för första gången, stifta bekantskap med fjällvärldens osynliga andemakter.

Tro mig, det finns mycket oförklarligt som händer här uppe i markerna runt Vejenäs. Dom dödas andar lever kvar - det är jag övertygad om. Själv hade Abrahams nattsömn under en längre tid besvärats av både goda och illasinnade vittror. För att råda bot på detta och bli fri från de "osynliga andarna", blev han till slut tvungen att tillgripa gamla beprövade kraftmedel.

En morgon sökte jag mig en planka. Slog sju stycken stora spikar i en rad genom brädan och filade dem riktigt vassa. På kvällen när jag bäddade ner mig i bodan där vi sommartid brukade sova, la jag plankan över bröstkorgen med de sylvassa spikarna riktade upp mot taket. Sen den natten har jag inte längre besvärats av några vittror, konstaterade Abraham, som under sina sista år fick leva i försoning med markernas andemakter. Hans "dundermedicin" gjorde tydligen avsedd verkan. Abraham hade även andra hemliga knep som han ogärna lärde ut. Ett var hur man tillverkar en ofelbar kärleksdryck.

Jag vet ett osvikligt knep hur man ska fånga en kvinna, säger Abraham, på sitt kärnfulla och kortfattade språk. De små ögonen lyste och hans gammelmansansikte levde upp, när han talade om kvinnfolk. Du tar ett glas brännvin. Helst ska det vara konjak, men det går även med annan sprit. Sedan skär du dig försiktigt med kniven i lillfingret och låter fem droppar av ditt blod blandas med brännvinet. Om du låter en kvinna dricka av den medicinen, blir hon din förevigt...

Det skulle föra för långt att återge alla hans upplevelser. Med minnet förankrat i gammal tid, kunde han i timmar, erinra sig stämningar och tilldragelser från gångna tider. Och lika underbar som Abrahams berättarkonst var lika genuin och helgjuten var hans fäderneärvda livssyn. Hans väsen var som vore den framsprungen ur ödemarken själv - fylld av sägner och myter. Och i en till synes aldrig sinande ström - i det närmaste utan andhämtningspauser - flödade orden ur hans sällsamma värld av övernaturliga händelser och sällsamma jakt-turer från flydda tider.

Men idag är Abraham och hans hustru Ingeborg borta. Den röda stugan vid Gautojaures strand står tom – en sjö i vars vatten Veje-Abraham sett både sin mor och bror drunkna. Det var ett hårt slag, som Abraham sa, men livet måste ju gå vidare...

The year is 1970. On a beautifully clear morning, with a rough-legged buzzard soaring above the yard of the homestead, I step into the red cottage with the white corners at Vejenäs – a little mountain cabin, a good 60 kilometres of exceptionally beautiful countryside from Arjeplog. Abraham Johansson (1891-1984) – or Veje-Abraham as he is called in everyday speech – is sitting at the window philosophising and directing his gaze out over the barren shores of the lake Gautosjö. From the legendary water, the melancholic cry of the black-throated diver is rising and falling. And, while the charr is sizzling in the frying pan, Veje-Abraham tells of bygone days ...

"Well, you know," he says, "times have changed – like the difference between night and day. People are no longer like they were in the old days. Today it's only money that has any importance. Before people were more helpful and they weren't afraid to put their back into it. There were strong men in the homesteads around the mountain district. One of the strongest I remember was a forest Sami called Erik Larsson (1880-1954) from Maskaur. He threw a 70 kilo reindeer bull across a whole reindeer corral to demonstrate his strength to another Sami, whom he was at logger-heads with. Well, you can understand that this show of strength must have sufficed to deter any opponent at all from continuing any acts of violence."

The forest Sami Erik Larsson is also reported to have carried three 50 kilo flour sacks – a total of 150 kilos – on his back in his home-made rucksack frame for more than 10 kilometres, as well as a can of paraffin in each hand. And all that could hardly have weighed less than 200 kilos. So one can probably assume that Erik Larsson was a powerful bundle of muscles. And those who saw him in his old age can still bear witness to the fact that he walked as if he was carrying 200 kilos ...

The time is now past when one was compelled to carry such burdens. For nowadays there are helicopters and cars for transportation and communication between the mountain valleys. In the times of yore such journeys could be dangerous adventures. Veje-Abraham can recollect what it was like when the lower valley of Laisdalen was still roadless country. He remembers what happened to a good friend when he travelled to Norway to visit his sister. When he was about to return

home he was given a shoulder of reindeer to eat on his journey, and he placed the meat on the top of his rucksack. In those days it was not customary to wrap anything around meat. And when he left Norway he lost his way slightly, but in the end reached the mountain Nasafjället. There he could hear a pack of wolves howling so frantically. Then the fellow understood that the wolves were following him. However, he knew of a large rock and skied for all he was worth to the boulder. He had just managed to take off his skis and take his stand with his back against the boulder, when the flock of wolves came – they had picked up the scent of the meat. His first thought was to throw the rucksack and everything, but then he heard a voice that came from inside the boulder, saying, "That's not what you should do." And he toiled and hit out at the wolves all through the night until the dawn. Completely worn out and dripping with sweat, he returned home in the evening. He survived the adventure, but never forgot it. There are still many old people who know of this boulder .

Nowadays there is almost no big game left in the forests around Laisdalen. "Things were different in the old days," declares Abraham emphatically and gazes with longing out over his former hunting grounds around the cottage.

Veje-Abraham was brought up to become a son of the wilderness. He lived for hunting and fishing, and soon the rumour of his fantastic hunting adventures spread all over the world of mountains of Lapland. Abraham Johansson became something of a legend in his home district. Around the Arjeplog mountains in central Lapland there is scarcely a cottage or a homestead where the fantastic stories about this renowned big game hunter and champion of the wilderness have not been heard.

As the hunter Gunnar Marklund (1905-1978) from Gautosjö has told me, Abraham could determine, merely by feeling the tracks of predators, how far away a bear or a wolf was from the place where the tracks were found. Then it was quite a simple task for this son of the mountains to track the wild animal down and, with a well-aimed shot, send it to the happy hunting grounds. There was an aura surrounding Abraham's person which quickly reduced even the most renowned great marksmen from the fraternity of hunters to wretched bunglers, in comparison with Abraham's disre-

spectful treatment of big game. Or, as Ragnvala Marklund (1908-1995) of Gautosjö expressed it, perhaps one has to be like Abraham, raised on "the game of the forest and fat fish", to dare to enter battle with the killer bear that has torn sheep, reindeer and elks to pieces.

"There is no doubt that I have skinned one or two bears in my day," chuckles Abraham with satisfaction, while he glances quickly at his precious old hunting rifles hanging well-locked in on the rifle-rack on the wall. Many years have passed since Veje-Abraham hanged up his rifles on the rack for good. It was not just a question of the big game starting to disappear – Abraham himself was feeling his age more and more. His legs were starting to fail him and his eyesight was not what it used to be. "Of course, sometimes I may take them down, if there is a hare or a fox nearby. But otherwise the big hunts are over. I have become too old," explains Abraham, with a melancholic expression over his lips, while he sips at his piping hot coffee with dried reindeer meat in it. However, he likes to tell stories about the hunts of his younger days and our conversation passes on to his innumerable adventures in the reindeer forest – encounters with the great predators ...

"Unfortunately I too, like many other representatives of the fraternity of hunters, have had to suffer disappointment and failure," admits Abraham, screwing up his eyes cunningly, at the same time as he takes a bite of the dried reindeer meat. And one can clearly see that in the autumn of his life he is still vexed by the fact that he could not be at home that day when the pack of wolves were prowling around just outside the cottage at Vejenäs. Abraham, who all in all only has one tooth left, has now swallowed the piece of reindeer meat, together with the coffee. He leans forward across the kitchen table and one can really see how he is being infused with disappointment, when, with indignation in his voice, he says in his pithy and compact language, "Suddenly the wife, through the kitchen window, could see 17 wolves on the ice below the cottage.

There was no hunter at home, so the wolves escaped with their lives intact.

It was surely a great pity that I wasn't on the spot that time," complains Abraham, who on several occasions has seen the ravagings of wolves among reindeer on the mountains. "Up here on the mountain Korpberget, a flock of wolves slaughtered almost a whole herd of reindeer belonging to Anders Persson-Gunnare, who almost became completely destitute. The mountain Garranisvardo (Korpberget) derives its name from that reindeer massacre. We ate loads of meat that winter. In those days people usually made use of meat from reindeer killed by predators. They don't need to do so today," explains Veje-Abraham, meaning that in the days of yore people had no other choice, as there was too little food in the cottages.

Indeed, in the course of his long life, Abraham was certainly able to experience a thing or two. I have been told in confidence that, in his prime, he was the most skilful marksman in the whole district. Consequently, he holds – as the big game hunter that he was – the unofficial Swedish record concerning elk hunting – not with regard to the number of elks shot, but rather in long-distance shooting. He brought down a huge bull elk at a distance of more than one kilometre, while two astounded friends from the Arjeplog district looked on. This sounds like the usual far-fetched tale about a hunting adventure, but it is in fact a true story. Abraham raised his rifle straight up in the air and tried to calculate how the bullet would fall and hit the elk. He pulled the trigger, and soon afterwards his two buddies could see to their surprise how the elk far in the distance suddenly collapsed and remained lying on the ground. "When we reached the elk, we saw that the bullet had entered straight through the neck. If I hadn't had two witnesses, I would probably never have been believed," he adds with a glint in his eye .

Veje-Abraham's adventures in the forests and the mountains easily make the hunting stories of today seem like "flat beer". Unfortunately, I did not tape all of his stories, as a result of which it is almost impossible to retell his accounts in a way that does his narrative style full justice. Many years have passed since Veje-Abraham by mistake shot a goat through the cow-house wall. However, that is hardly worth mentioning. A worse calamity was to occur when "modern

times" also reached the valley of Laisdalen. Like most of the other mountain people, Abraham was also to acquire the speed monster of modern man – the snowmobile. He almost came to a sticky end in the process. One morning he started off to drive up to the lake Vejesjön (one of the favourite lakes of poachers in Abraham's days), to lay out his nets.

"I didn't really have warm enough clothes on me for the journey, as I was just going to be away for a few hours on a quick trip. But, when I had come about half-way up to the fishing lake, I drove across a hill in such a way that the snowmobile overturned and I got my whole leg in the rubber track of the snowmobile. When I then opened the throttle, my foot became wedged under the track and I was unable to rise, stuck there as I was at the snowmobile. I sat there for four hours, like a fox in a trap and couldn't get myself free. As luck would have it, two policemen out on patrol-duty passed by and caught sight of me lying there helpless and exhausted under the snowmobile. Otherwise that would have been the death of me," declares Abraham in conclusion.

Once he got properly started, Veje-Abraham was a supremely gifted story-teller, characterised by an original choice of words and a language that had the taste both of blood and of paganism. With lively gestures and facial expressions he spiced his stories, which in terms of richness and colour were probably unique in Lapland. Abraham's narrative art was almost epic. He told a straight story, and his stories ended as suddenly as they had started. Moreover, in his kitchen I made the acquaintance, for the first time in my life, of the invisible powers of the spirit in the mountain world. Believe me, there are many very mysterious events that happen up here in the countryside around Vejenäs. The spirits of the dead still exist – that is a fact that I am convinced of.

Once Abraham's sleep at night had for a longer period been troubled by both good and malevolent sirens of the woods. To remedy this and get rid of these invisible spirits, he was finally compelled to resort to an old device that was both well tested and highly effective. "One morning I looked around to find a plank. I knocked seven big nails in a row through the plank and filed them

until they became really sharp. At night, when I had tucked myself up in bed in the small cabin where we used to sleep in the summer, I placed the plank across my chest with the nails, which were as sharp as an awl, pointing up towards the ceiling. Since then I have never been bothered by any sirens of the woods," declares Abraham, who during the last years of his life could live in reconciliation with the spiritual powers of the countryside. His "shock tactics" obviously had the effect intended. Abraham also had other secret tricks that he was reluctant to teach others. One concerned how to concoct a love-potion that would never fail. "Yes, I know of an infallible trick for catching a woman," says Abraham, in his pithy and compact language. His small eyes twinkled and his old man's face livened up when he spoke of women.

"You take a glass of snaps. Preferably it should be a glass of cognac, but any other kind of spirits will suffice. Then you take a knife, carefully make a cut in your little finger, and let five drops of your blood mix with the snaps. If you let a woman drink some of this medicine, she will be yours for ever ..."

It would take far too long a time to retell all of his experiences. With a memory deeply rooted in the times of yore, he could spend hours remembering the atmosphere and events of bygone days. Moreover, his view of life, handed down as it had been from father to son, was as genuine and sterling as his narrative art was wonderful. It was as if his very being had sprung forth from the wilderness itself – filled as he was with legends and myths. And in an apparently never-ceasing flow – almost without any breathing spaces – the words streamed forth from his singular world of supernatural occurrences and strange hunting trips from bygone times.

However, today Abraham and his wife Ingeborg are no longer with us. The red cottage on the shore of Gautojaure stands empty. In the waters of this lake, Veje-Abraham saw both his mother and his brother drown. "That was a heavy blow," said Abraham, "but life must go on ..."

Lappland i litteraturen - Lapland in literature

Abrahamsson, Tore: Detta är Kebnekaise. Uddevalla 1987.

Abrahamsson, Tore: Detta är Sarek. Uddevalla 3:e uppl. 1993.

Abrahamsson, Tore: Detta är Vindelfjällen. Uddevalla 1989.

Abrahamsson, Tore: Fjällvärld. Verona 1985.

Abrahamsson, Tore: Kebnekaise. Stockholm 1968.

Abrahamsson, Tore: Okända fjäll. Örebro 1992.

Anderson, Hans: Borg Mesch Drömmen om fjällen. Alingsås 1986.

Anderson, Hans: Längs stigarna. Värnamo 1992.

Anderson, Hans-Lundberg, Tor: Vid vägs ände. Värnamo 1994.

Anderson, Hans-Segerström, Ingvar: Östan om fjäll västan om skog. 1985

Andersson, Gösta: Sápmi – samiskt perspektiv. Luleå 1994.

Arvidsson, Lennart - Nilsson, Edvin: Muddus. Örebro 1976.

Awebro, Kenneth: Luleå silververk. Luleå 1983.

Barck, Åke: Kirunas första sekel. Kiruna 1999.

Bergqvist, O - Svenonius, F: Lappland. Stockholm 1908.

Beskow. H m fl (red): Norrbotten. Malmö 1958.

Brandberg, Sten: Sjaunja. Stockholm 1943.

Bromé, Janrik: Nasafjäll. Stockholm 1923.

Burman, Edor: Levande vildmark. Stockholm 1973.

Bygdén, Leonard: Hernösands stifts herdaminne 1-4. Stockholm 1923-26.

Bylund, Erik: Koloniseringen av Pite lappmark. Uppsala 1956.

Campbell, Åke: Från vildmark till bygd. Uddevalla 1948.

Curry-Lindahl, Kai: (red.) Natur i Lappland, l - ll. Uppsala 1963.

Curry-Lindahl, Kai – Ebeling, Fredrik: Naturen i Väster- och Norrbotten.

Curry-Lindahl, Kai: Sarek, Stora Sjöfallet, Padjelanta. Stockholm 1969.

Curry-Lindahl, Kai: Sjaunja och Kaitum. Halmstad 1971

Curry-Lindahl, Kai: Slaget om Lappland. Kristianstad 1983.

Drake, Sigrid: Västerbottenslapparna. Uppsala 1918.

von Düben, Gustaf: I Lappland 1868 och 1871. Umeå 1989.

von Düben, Gustaf: Om Lappland och lapparne. Stockholm 1873

Egerbladh, Ossian: Sorsele 1671 – 1821. Umeå 1967.

Ehlers, Chad: I snigelns spår. Stockholm 1978.

Engström, Jon: Resa genom Norrland och Lappland. Stockholm 1834.

Erikson, Mauritz: Flyktingar i fjällen. Uddevalla 1974.

Ersson. Boris: Skogen i våra hjärtan. Malung 1985.

Falck, Albert - Karlsson, HG: Padjelantaleden. Luleå 1991.

Fjellström, Phebe: Samernas samhälle i tradition och nutid. 1985.

Forsgren, Nils: Den effektfulla älven. 1989.

Forsgren, Nils: Suorva. Dammbygget i vildmarken. 1987.

Forsgren, Nils: Harsprånget. Köping 1995.

Forsström, G - Strand, B: Gällivare. Luleå 1977.

Fries, Carl: Skogsland och fjäll. Stockholm 1966.

Grundsten, Claes: Bilder av fjällen. Linköping 1991.

Grundsten, Claes: Fjällboken. Stockholm 1993.

Grundsten, Claes: Sarek och Kebnekaise. Stockholm 2000.

Grundsten, Claes: Vandra Kungsleden 1, 2, 3. Örebro 1988, 1991, 1995.

Hamberg, Axel: Sarekfjällen. Stockholm 1922.

Hammarskjöld, Dag: Från Sarek till Haväng. Stockholm 1961.

Haraldson, Sixten-Källgård, Anders: Öfolk, snöfolk och nomader. 1997.

Hogguér, Daniel August von: Vildmarksliv i Lappland. Stockholm 1928.

Hoppe, Gunnar: Vägarna inom Norrbottens län. Uppsala 1945.

Hörnell, Sven: Mitt Lappland. 1981.

Hörnell, Sven: Subarktiskt land. Zürich 1991.

Isaksson, Svante: Ingen frid i fjällen. Skellefteå 1999.

Isaksson, Svante: När staten stal marken. Skellefteå 2001.

Karlsson Bosse - Karlsson Sune: Sareks fyra årstider. Verona 1982

Kihlberg, Kurt: (se förteckning sidan 144, see list on page 144).

Kjellström, Rolf: Samernas liv. Kristianstad 2000.

Klaesson, Per – Olsson, Bengt Olof: Vindelfjällen. 1983.

Kullin, Åsa: Lappland ett ljusår. Värnamo 1992.

Krantz, Claes: Kulturväg mot norr. Stockholm 1949.

Laestadius, Petrus: Journal l och ll. Stockholm 1831 1833.

Landell, Nils-Erik - Holmåsen, Ingmar: Sjaunja. Stockholm 1973.

Laestander, Gösta: Fiska med fantasi. Kristianstad 1981.

Laestander, Gösta: Fjällnära fiske. 1994.

Laestander, Gösta: Norrlandsfiske. Värnamo 1987.

Laestander, Gösta: Lars Matson, konstnär´n. Umeå 2000.

Laestander ,Gösta: Sorsele i bild 1955 – 1995. Umeå 1999.

Laestander, Gösta: Sorselebilder. Umeå 2000.

von Linné, Carl: Lapplandsresa år 1732. Stockholm 1957.

Luleå stifts årsbok: Från bygd och vildmark.

Lundgren, Svante: Sarek. Stockholm 1946.

Lundgren, Svante: Myr. Stockholm 1952.

Lundgren, Svante: Kungsleden. Stockholm 1955.

Lundgren, Svante: Padjelanta. Stockholm 1964.

Lundmark, Johan: Innan doktorn kom. Stockholm 1937.

Manker, Ernst: De svenska fjällapparna. Stockholm 1947.

Manker, Ernst: Det nya fjällvattnet. 1941.

Manker, Ernst: Markens gudar. Stockholm 1948.

Manker, Ernst: Lapparnas heliga ställen. Stockholm/Uppsala 1957.

Manker, Ernst: Fångstgropar och Stalotomter. Stockholm/Uppsala 1960.

Manker, Ernst: Lappmarksgravar. Stockholm/Uppsala 1961.

Manker, Ernst: Lapsk kultur vid Stora Lule älvs källsjöar. 1944.

Manker, Ernst: Rajd och karavan. 1958.

Naevra, Arne-Kolberg, Dagfinn: Elgens Dal. Oslo 1998.

Nilsson, Edvin: De vilda djurens Sarek. Örebro 1977.

Nilsson, Edvin - Sandberg: Det blommande fjället. Örebro 1982.

Nilsson, Örjan Nilsson/Edvin: Nordisk fjällflora. Stockholm 1987.

Nordberg, Arne: Petrus Laestadius upplysare och upprorsman. 1974.

Nordberg, Arne: Petrus Laestadius journaler. Umeå 1977.

Norrbottens museums årsbok: Norrbotten.

Palmgren, Georg: Lantmäteri i Norrbotten. Luleå 1996.

Paulaharju, Samuli: Ödebygdsfolket. Stockholm 1967.

Pettersson, Carl Anton: Lappland, dess natur och folk... Stockholm 1866.

På skidor: Skid- och Friluftsfrämjandets årsbok 1893-1975.

Ramselius, Nils: Vår nordliga hembygd. Lund 1920.

Regnard, Jean Francois: Resa i Lappland. Tammerfors 1946.

Rossipal, Emmerich: Kebnekajsefjällen. Stockholm 1952.

Ruong, Israel: Samerna. Stockholm 1969.

Ryd, Lilian: Kvinnor i väglöst land. Nybyggarkvinnors liv och arbete. 1996.

Ryd, Lilian och Yngve: Nybyggarliv. Jokkmokk 1989.

Ryd, Yngve - Edholm, Gunnar: Jägarliv i Jokkmokks fjällvärld. 1981.

Samefolket (Samefolkets egen tidning 1919-1960) 1961-1995.

Sehlin, Halvar: Känn ditt land. 1998.

Skid- och Friluftsfrämjandets årsbok: På skidor.

Sundfeldt, Jan – Geijerstam, Bengt av: Än strömmar Torne älv. 1980.

Svenska Turistföreningens årsbok 1886 -

Sveriges Natur: Svenska Naturskyddsföreningens årsbok 1910 -

Swanberg, Per Olof: Fjällfåglarnas paradis. Stockholm 1936.

Tham, Richard: Lappland och Tornedalen i konsten. Luleå 1989.

Till fjälls: Svenska Fjällklubbens årsbok 1929 -

Wahlenberg, Göran: Flora lapponica. Stockholm 1812.

Wesslén, Stig: Kungsörnarnas dal. Stockholm 1932.

Wesslén, Stig: På Lapplandsfjällen bland björnar. Stockholm 1940.

Westerlund, Hans G: Mina hundår i Lappland. Stockholm 1945.

Westerlund, Hans G: Mitt nybyggarår i Lappland. Stockholm 1937.

Personregister - Index of names

Kurt Kihlberg har tidigare utgivit – Previous books by Kurt Kihlberg:

ARJEPLUOGSFJÄLLEN – *Fjällbygd och vildmark* (med förord av Lappmarksdoktorn Einar Wallquist) 1975.

DE SISTA FJÄLLGÅRDARNA – *Nybyggarliv och jaktmarker i en lappländsk fjällsocken* 1977.

LAPPARNAS HANDASLÖJD (i samarbete med Einar Wallquist) 1979.

SAMESLÖJD (i samarbete med Åke Barck) 1981.

SAMESLÖJD (omarbetad och kompletterad upplaga i samarbete med Åke Barck) 1988.

LAPPMARKSDOKTORNS LAND 1992.

DEN STORA BOKEN OM LAPPMARKSDOKTORN EINAR WALLQUIST 1993.

SAMERNAS SLÖJD – *Virtuoserna och legenderna* 1994.

DRÖMMEN OM LAPPMARKEN – Möten med människor och natur i legendernas och myternas land 1995.

DÁIDDADUODJI - En bok om samiskt konsthantverk. The art handicraft of the Sami 1996. (Swedish and English text.)

LAPONIA - Europas sista vildmark. The last wilderness in Europe 1997. (Swedish and English text.)

VILDMARKSLIV I LAPONIA. Life in the Wilderness of Lapponia 1998. (Swedish and English text.)

GIEHTA DAIDU - Den stora boken om samernas slöjd. The great book of Sami handicraft 1999. (Swedish and English text.)

NORRBOTTEN ÄR NORRBOTTEN - Midnattssolens och norrskenets land. The land of the Midnigt Sun and the Northern Lights 2000. (Swedish and English text.)

Kurt Kihlberg har varit huvudfotograf i följande böcker:
Kurt Kihlberg was the main photographer in the following books:

SILVERVÄGEN – *Om äldre kommunikationer i Pite lappmark.* Einar Wallquist med flera 1975.

NORRBOTTEN Kjell Lundholm 1985.

Fakta om bilderna i boken: Samtliga foton av Kurt Kihlberg där inte annat anges.

Facts on the photos in the book: All the photos were taken by Kurt Kihlberg, unless otherwise stated.

Omslagets framsida: Från toppen av Skierfeklippan ser Christer Ågran (f 1944) Boden ner över sjön Laitaure.

Front cover: From the top of Skierfeklippan Christer Ågran (b. in 1944) looks out over the lake Laitaure.

Försättsuppslaget: Från toppen av Jeknaffo (1836 m) mot Sarek. Mars 1974.

Front end-paper: From the top of Jeknaffo (1,836 m) towards Sarek. March 1974.

Eftersättsuppslaget: En sommardag vid sjön Laisan med fjället Niepsurt (919 m) i fonden. Juni 1992.

Back end-paper: A summer day at Lake Laisan, with Mount Niepsurt (919 m.) in the background. June 1992.

Omslagets baksida: Fjällripa i sommardräkt

Back cover: A ptarmigan in its summer plumage.

Sidan 2-3: Sommarafton vid sjön Statak med Sorjoscohkkamassivet (1,702 m.) i fonden. Aug 1974.

Photo page 2-3: A summer evening at Lake Statak, with the Sorjoscohkka Massif (1702 m) in the background. Aug. 1974.

Sidan/Page 136 – 137: Foto: Borg Mesch, Hallings arkiv/JLM, Kurt Kihlberg, Jan Henrik Örtengren, Ludvig Wästfelt samt äldre porträttfotografier.

Grafisk formgivning: Kurt Kihlberg
Översättning: Paul McMillen
Tryck: RC Tryck i Piteå AB 2001
Papper: 170 g Silverblade. Typsnitt: Palatino, Univers
© Kurt Kihlberg
ISBN 91-972178-7-5
Distribution: Förlagshuset Nordkalotten
Box 25, 945 23 ROSVIK, SWEDEN.
Tel/fax 0911-20 66 30.
E-mail: kurt.kihlberg@swipnet.se

If there is an ounce of truth in the old saying, "We chastise those whom we love," it applies to a high degree to Lapland. This seemingly unaffected province also possesses a side that is severely exploited. The natural forests in the north are no longer merely threatened, but valuable areas have been devastated to a great extent by systematic large-scale forestry. The destruction has mainly been accomplished by Government-owned companies, forest commons and private persons, but in this connection the County Forest Board must, as the licensing authority, shoulder part of the responsibility for this devastation. The Board is an authority that time and again has displayed poor judgement by permitting clear-felling of irreplaceable areas of wild nature, where sensitive cultural remains have also been damaged. So let us hope that this deplorable chapter in the history of Lapland will soon be but a memory.

Concerning nature conservation, we Swedes do not have much to boast about. The national parks of Lapland have repeatedly been subjected to exploitation. Muddus, our largest protected area of primeval coniferous forest, has been severely lacerated by a gigantic dam at Messaure. In a similar way Pieljekaise National Park has been damaged by the regulation of Sädvajaure's waters at several places, with great devastation as a result. Even Sarek – our internationally most renowned mountain area – has through the damming of the lake Tjaktjajaur been hit by the negative effects of water regulation. Stora Sjöfallet – once the symbol of the genuine Lapland – should not even be mentioned in this context. It is impossible to find a more deplorable example of Swedish nature conservation. The visual pollution of the national parks has as yet only just commenced. Radio masts have already been set out, and now the Stora Sjöfallet area is also threaten-ed by a forest of wind power plants to be stationed there, which can make the already disfigured natural scenery of the valley even uglier. Stora Sjöfallet is a "national park" which Government-owned Vattenfall AB* has transformed into a huge industrial dumping ground. Enormous dams have submerged priceless areas of wild nature and cultural heritage. Readers who wish to acquaint themselves with this gigantic devastation are recommended to read the excellent book by Kai Curry-Lindahl (1917-1990), "The Battle of Lapland" [in Swedish], first published in 1983.

It is possible – if not probable – that one cannot in words and with photographs capture the essence and soul of Lapland. Detailed descriptions of nature can become tiresome and monotonous. Or, as the author Villy Kyrklund (b. in 1921) put it, "Being on a wintry road with your teeth chattering from the cold makes a more vivid impression on you than reading fifty poems about the winter at home by the fireside." A truth that also retains its validity today. What you have experienced yourself can never be substituted by books or the stories of other people. Prior to every journey there is an expectation - a yearning for the great experience... Wandering in the mountains is to assent to this yearning...

There are a good many travellers who, during their sojourn in Lapland, have lost themselves in the province – and who, having been emotionally unable to leave the place, have remained. Captivated by a yearning for freedom that has instilled energy and harmony in their lives – or what many of us like to call quality of life...

In order to provide the reader with a richer picture of the distinctive character of the province, I have invited a few friends, each of whom has been given the opportunity to present his slice of Lapland on a double-page spread. This has resulted in personal essays in which some of our foremost interpreters of the province have given their picture of the characteristics of the area. We Swedes are a nation that loves nature and likes to seize every opportunity to get out into the countryside. So let us hope that our great areas of wild nature in Lapland will also in the future be fully accessible to the general public. That we will be spared the same sad development that characterises a great number of international national parks, where taking care of visitors has developed into pure business. That we in Sweden can stand up in defence of our generous legal right of access to open country – the old common right to freely wander in the forests and mountains. That visitors, without any kind of charge and without bureaucratic complications, will be able to move about in the national parks and nature reserves – without their sojourn being controlled by unnecessary regulations and charges – laws that would restrict the rambler's right to travel in roadless terrain.

I have dedicated this book about Lapland to my friend, Edor Burman the author – a man of the mountains whose modest disposition would hardly indicate that this shy personality concealed one of our foremost experts on nature and culture in Lapland. As a professional hunter during his youth in the roadless mountain valleys, as a guide and expert on Stig Wesslén's (1902-1987) film expeditions in Lapland, and as a frontier policeman during the war years along the mountain chain bordering on Norway, Edor Burman became familiar with nature and animal life in the province. A great deal of what is presented nowadays as new developments in research on predators was basic knowledge for Edor Burman. Later on his years spent as a "Lapp Inspector" came to give him invaluable knowledge of the conditions of the Sami and reindeer breeding. As the years went by he became a writer whose articles in magazines were highly appreciated, and few journalists, if any at all, have written as well-informed articles about the Arjeplog mountains as Edor Burman. It is regrettable that such a talented man has been forgotten in his home district – and that his literary work has not been awarded the attention that it deserves. As one of the great sons of the district – beside Petrus Laestadius (1802-1841) – Edor Burman's memory is worth preserving with respect. Recognition from his home district in the form of a posthumous tribute is the least that could be expected from Arjeplog Municipality.

Kurt Kihlberg

* The Swedish State power corporation

Olga (f 1921) och Maria Larsson (1892-1990) Häika, lägger ut näten. Aug 1973.
Olga (b. in 1921) and Maria Larsson (1892-1990) of Häika are laying out their nets.